Sachbücher von Janvier T. Chando

IKONEN UND BÖSEWICHTE: Jüngste Politische Attentate…
GEFALLENE HELDEN: Afrikanische Führer, deren Attentate...
UKRAINE: Das Tauziehen zwischen Russland und dem Westen
KAMERUN: Frankreichs Dysfunktionales Marionetten System in Afrika
KAMERUN: Das Heimgesuchte Herz Afrikas

Fiktionstitel von Janvier Chando

Der Usurpator: und andere Geschichten
Triple Agent, Doppel kreuz
Jünger des Vermögen
Der Union Moujik
Blitz der Sonne
Vermögen Ruft
Meister des Vermögen
Kinder des Vermögen
Großmütter und Perfekte Liebe
Verliebt Sein und Weise Sein
Die Feuer und Eis Legende
Der Süßeste Wahnsinn
Das Hunger Feuer
Die Schatten des Feuers
Vater und Söhne
Der Arzt
Dunkle Schatten
Schicksalhafte Krawatten
Das Urteil des Hades
Prozess Gegen Seine Majestät
Ngokos Torheit
Der Usurpator
Die Mitgift
Ich bin Gehasst
Der Lümmel

Kommende Titel von Janvier Chando

Der Weiße Falke
Die Homedrifter
Die Norilsk Bären
Sterbliche Freunde

Ukraine:

Das Tauziehen zwischen Russland und dem Westen

Janvier T. Chando

TISI BOOKS

NEW YORK, RALEIGH, LONDON, AMSTERDAM

ERSCHIENEN BEI TISI BOOKS
www.tisibooks.com

EPIGRAPH

„Die Zeit für Revolutionäre mit völliger Manövrierfreiheit ist vorbei."
— *CHRISTOPHER NKWAYEP-CHANDO*

ANERKENNUNG

Mein tiefster, wärmsten und immerwährender Dank geht an meine Mutter Theresia Njomo Tchouteu-Chando

WIDMUNG

Gewidmet dem liebevollen Andenken an meine Mutter
Elizabeth Matsiliso Chitja-Tchwenko und Tante Anna
Mapajane Chitja

Ukraine:

Das Tauziehen zwischen Russland und dem Westen

Janvier T. Chando

Contents

LANDKARTEN

Karte der Oblaste (Regionen oder Provinzen) der Ukraine

Die geopolitische Ausrichtung der Ukraine

Historische Regionen der Ukraine

Mittelalterliche ostslawische Stämme 800 n. Chr.

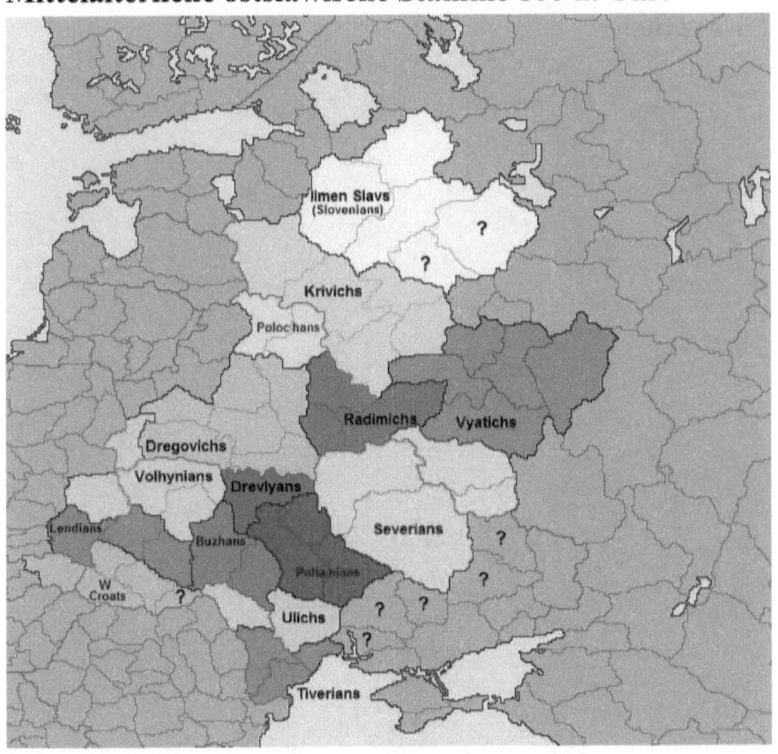

Kiewer Rus (1054-1132 n. Chr.) und ihre Konstituente Fürstentümer

Belarus (Weiße Rus), Russland, Ukraine

Das Königreich Galizien-Wolhynien (Westukraine) von 1253-1349 , das aus dem Untergang der Kiewer Rus nach der mongolischen Invasion und Besetzung des Landes (Die Goldene Horde) von 1239-41 hervorging, aus dem auch Moskau (Russisches Reich) hervorging.

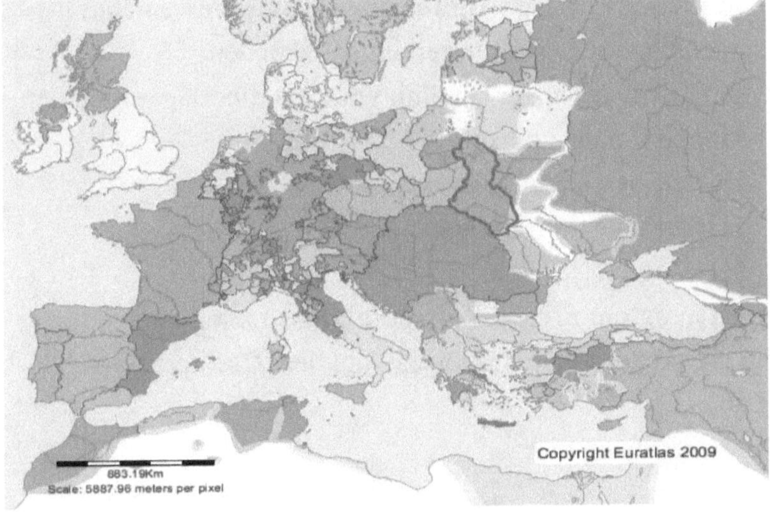

Das polnisch-litauische Commonwealth 1569-1795.

Umriss des **Polnisch-Litauischen Commonwealth** mit seinen wichtigsten Unterteilungen nach dem Waffenstillstand von Deulino von 1618, überlagert von den heutigen Landesgrenzen.

■ Krone des Königreichs Polen

■ Großfürstentum Litauen

■ Herzogtum Livland

■ Herzogtum Preußen, ein polnisches Lehen

□ Herzogtum Kurland und Semgallen, Commonwealth-Lehen

Das kurzlebige Hetmanat oder Kosakenheer von 1649-1764 (Unabhängig von Polen von 1648-57 während des Aufstandes unter der Führung des Saporoger Kosakenhetman Bohdan Chmelnyzkyj, bis es dem Zarentum Russland die Treue schwor). Von vielen Historikern als der erste ukrainische Staat angesehen.

Der von April bis Dezember 1918 kurzlebige ukrainische Staat, der vom antibolschewistischen Pawlo Skoropadskyj gebildet wurde

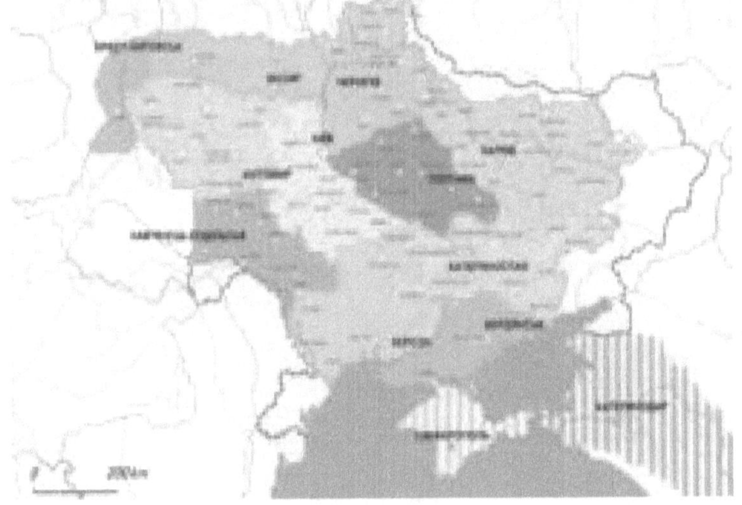

Territories annexed to Ukraine...

Politische Landkarte der Ukraine bis Februar 2014

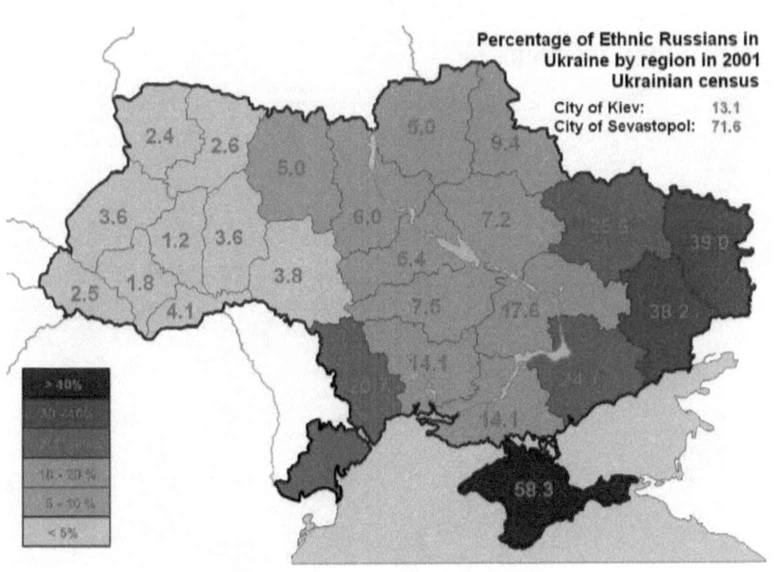

Prozentsatz der Menschen, die wollen, dass Russisch eine zweite Staatssprache wird

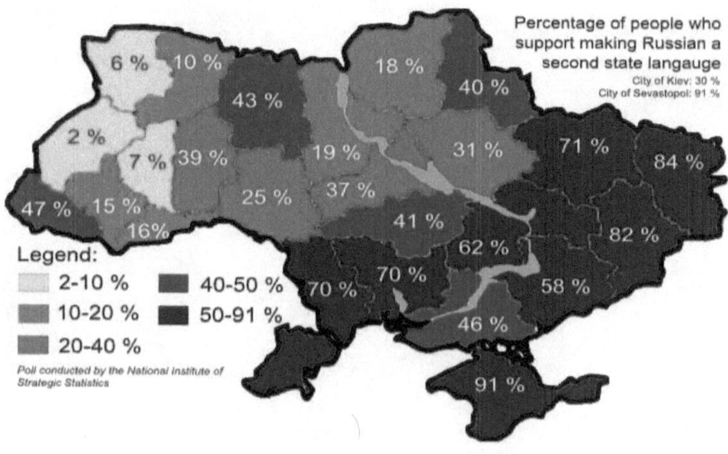

Sprachen, die in der Ukraine und Weißrussland gesprochen werden

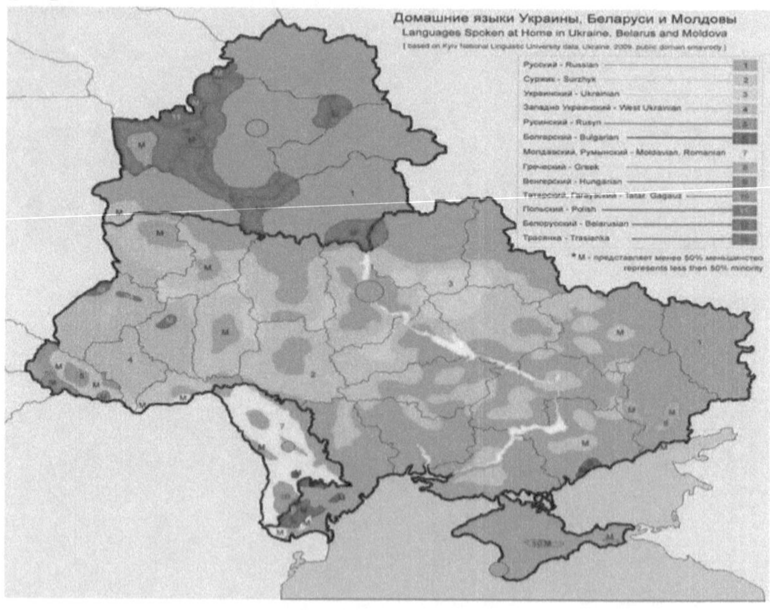

Sprachen, die in der Ukraine und Weißrussland

gesprochen werden

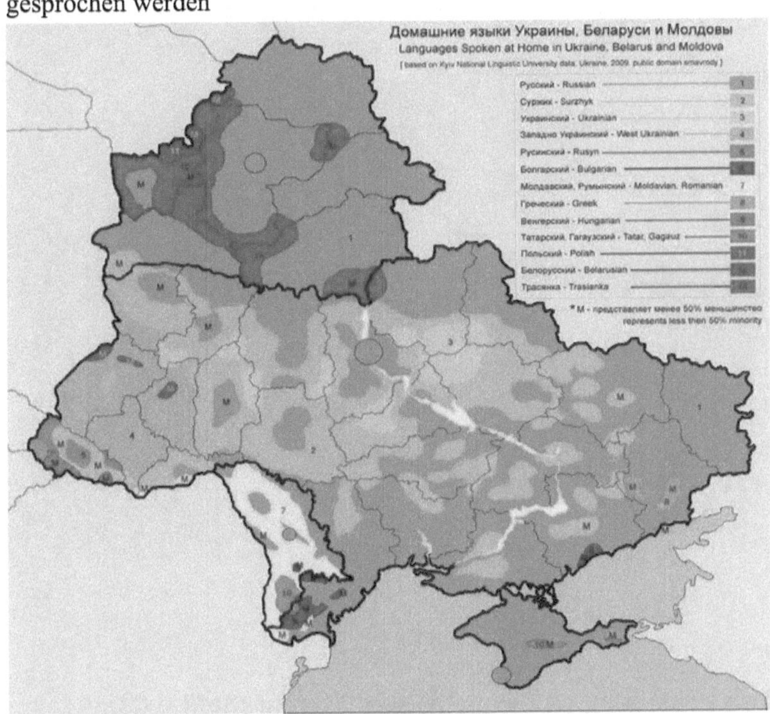

Die Sprache, die zu Hause in der Ukraine gesprochen wird

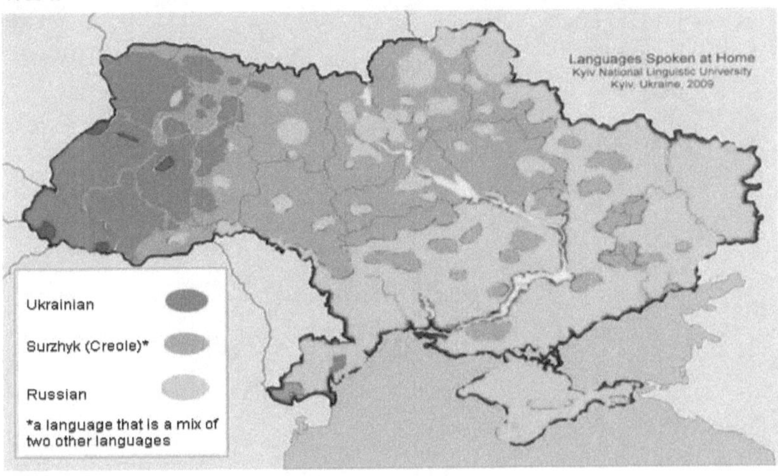

Ukrainische Verwaltungsgliederung nach Monatsgehalt

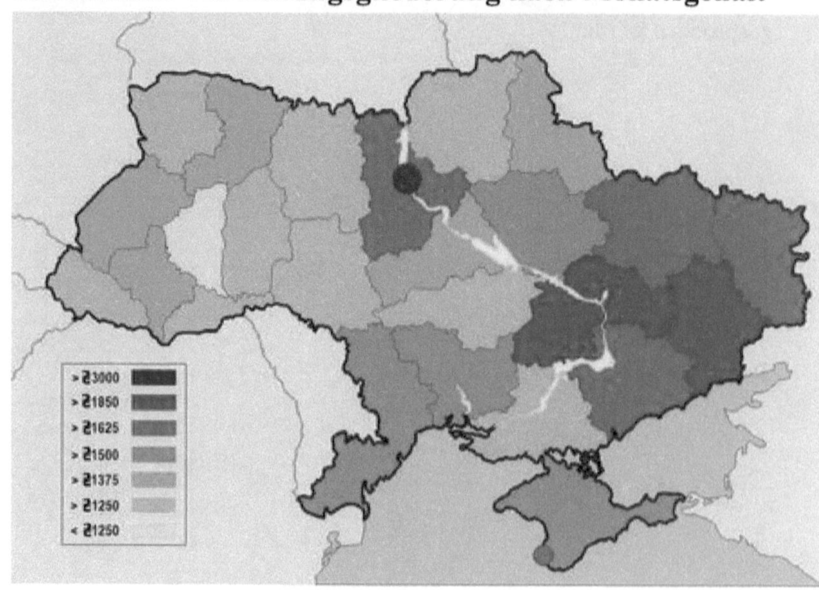

Die Präsidentschaftswahl 2010: Timoschenko (Blau), Janukowitsch (Rot)

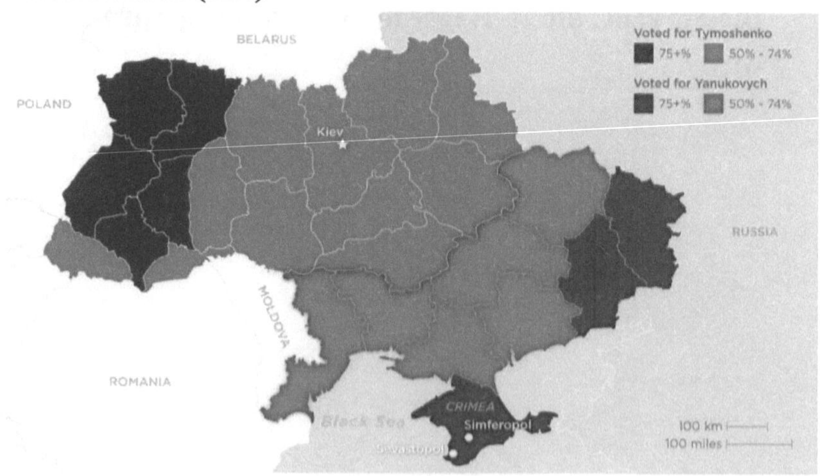

Zitate

„m die russisch-ukrainische Partnerschaft zu feiern, wurde 1954 der 300. Jahrestag des Pereiaslav-Vertrags in der gesamten Sowjetunion auf ungewöhnlich grandiose Weise begangen. Neben zahlreichen Feierlichkeiten, unzähligen Publikationen und unzähligen Reden gab das Zentralkomitee der Allunionspartei sogar dreizehn "Thesen" heraus, in denen die Unumkehrbarkeit der "ewigen Union" der Ukrainer und Russen argumentiert wurde: "Die Erfahrung der Geschichte hat gezeigt, dass der von den Russen und Ukrainern gewählte Weg der brüderlichen Vereinigung und Allianz der einzig wahre Weg war. Die Vereinigung zweier großer slawischer Völker vervielfachte ihre Kräfte im gemeinsamen Kampf gegen alle äußeren Feinde, gegen leibeigene Besitzer und die Bourgeoisie, wieder zaristisch und kapitalistische Sklaverei. Die unerschütterliche Freundschaft zwischen dem russischen und dem ukrainischen Volk ist in diesem Kampf gewachsen und gestärkt worden." Um den Punkt zu betonen, dass die Vereinigung mit Moskau den Ukrainern große Vorteile brachte, wurde der Jahrestag von Pereiaslav durch die Abtretung der Krim durch die russische Republik an die

Ukraine "als Zeichen der Freundschaft des russischen Volkes" gekrönt.

Aber das "Geschenk" der Krim war weit weniger altruistisch, als es schien. Erstens, weil die Halbinsel die historische Heimat der Krimtataren war, die Stalin während des Zweiten Weltkriegs vertrieben hatte, hatten die Russen weder das moralische Recht, sie wegzugeben, noch hatten die Ukrainer das Recht, sie zu akzeptieren. Zweitens waren die Verbindungen der Krim zur Ukraine aufgrund ihrer Nähe und wirtschaftlichen Abhängigkeit von der Ukraine natürlich größer als zu Russland. Schließlich hat die Annexion der Krim die Ukraine mit wirtschaftlichen und politischen Problemen belastet. Die Deportation der Tataren im Jahr 1944 hatte in der Region ein wirtschaftliches Chaos verursacht, und Kiews Haushalt musste die Verluste ausgleichen. Wichtiger war die Tatsache, dass laut der Volkszählung von 1959 etwa 860.000 Russen und nur 260.000 Ukrainer auf der Krim lebten. Obwohl Kiew nach 1954 versuchte, mehr Ukrainer in die Region zu bringen, blieben die Russen, von denen viele jede Form der Ukrainisierung besonders hartnäckig ablehnten, die überwältigende Mehrheit. Infolgedessen erhöhte das „Geschenk" der Krim die Zahl der Russen in der ukrainischen Republik erheblich. In dieser Hinsicht war es sicherlich eine angemessene Art, den Vertrag von Perejaslaw zu kennzeichnen."

Orest Subtelny, *"Ukraine: Eine Geschichte"*

„Es gibt Hunderttausende von Schotten, die englische, irische oder walisische Teile ihres Wesens anerkennen. Leben und Schicksale sind in Katalonien und Spanien, in der Ukraine und in Russland ähnlich miteinander verflochten."
Michael Ignatieff

„Putin könnte genauso wenig überleben wie Bibi Netanjahu die Rückgabe Ostjerusalems an Jordanien überleben könnte."
Pat Buchanan

„Dreizehn Jahre nach dem Ende der Sowjetunion schien das amerikanische Presse-Establishment bestrebt zu sein, die protestierten Präsidentschaftswahlen in der Ukraine am 21. November (2004) in einen neuen Kalten Krieg mit Russland zu verwandeln."
Stephan Cohen

„Die Haltung des Westens und Russlands zu einer Krise wie der Ukraine ist diametral unterschiedlich. Der Westen versucht, die Legalität jeder festgelegten Grenze festzustellen. Für Russland ist die Ukraine Teil des russischen Erbes."
Henry Kissinger

„Wenn Sie denken, dass ein Putsch zum Sturz der gewählten Regierung überall ein Putsch ist, dann sollten Sie sich daran erinnern, wie die Wahlen in der Ukraine 2004 stattfanden, wie die Wahlen in Georgien 2003 stattfanden, als die Ergebnisse der Wahlen durch revolutionäre Aktionen zerrissen und weggeworfen wurden.“

Sergej Lawrow

Erstes Kapitel

Unnötige Waghalsigkeit über die Ukraine durch die USA, die EU und Russland

Die waghalsige Manöver sowohl der westlichen Länder (der Nordatlantikvertragsorganisation --- NATO und der Europäischen Union – EU) als auch Russlands sind unnötig. Sie sollten ihr Ego beiseite legen und mit den beiden Seiten der ukrainischen politischen Kluft zusammenarbeiten und ein Arbeitsabkommen für das Land ausarbeiten, das die Geschichte, Kultur, Werte und Identitäten der verschiedenen Völker in der Ukraine respektiert.

Die Leute haben eine ukrainische Föderation aus drei Gebieten oder Einheiten vorgeschlagen, die aus ihren derzeitigen Provinzen bestehen (eine zweisprachige Zentralukraine mit Zentrum um Kiew, wo Russisch und Ukrainisch gleichermaßen anerkannt sind, eine föderale Einheit in der Ost-/Südukraine, in der Russisch vorherrscht, und eine föderale Einheit in der Westukraine Einheit, in der Ukrainisch vorherrscht). Andere haben eine größere Autonomie nach dem Vorbild der Vereinigten Staaten von

Amerika vorgeschlagen. Auch das deutsche Verbandsmodell ist in manchen Kreisen beliebt. Auch aus den politischen Modellen der Schweiz, Belgiens, Kanadas, Bosniens und der Vereinigten Arabischen Emirate lässt sich viel ableiten.

Ausgehend von den obigen Vorschlägen kann der Leser mit mir einen Weg gehen, um einen Weg für die Ukraine zu finden, der sie zu einem modernen, demokratischen, liberalen, fortschrittlichen und standardtragenden Land machen würde, das sich mit seinen verschiedenen Facetten als Grenze wohlfühlt Nation im Herzen Europas. Die Ukraine wurde durch die turbulente Geschichte Europas zu Recht verletzt, aber das Land sollte bereit sein, wenn nicht bereit, sein enormes Potenzial zu nutzen, um ein Symbol für andere Länder des Kontinents und der Welt zu werden.

Karte der Oblaste (Regionen oder Provinzen) der Ukraine

Die geopolitische Ausrichtung der Ukraine

Historische Regionen der Ukraine

Zweites Kapitel

Der Ukraine-Konflikt: Wo viele Geschichte, Chronologie und Kausalität ignorieren

Es ist schwierig, sinnvolle Debatten über den Konflikt in der Ukraine zu führen, da Emotionen und Agenden die Regel zu sein scheinen und Argumentationsversuche vereiteln. Die Menschen neigen dazu, zu argumentieren, um zu gewinnen, eine Form der Debatte, die weit von der Dialektik entfernt ist, der Form des Austauschs, die von Freidenkern gesucht wird, die nicht durch geheime Agenden, Sentimentalität oder den Komfort der Unwissenheit gefesselt sind. In einem merkwürdigen Austausch mit jemandem, der vom "Verweigerungssyndrom" betroffen war, sagte ich ihm, dass "Ihnen ein Sinn für Geschichte fehlt, kein Bewusstsein für Chronologie, Kausalität und so weiter. Und vor allem Rechenschaftspflicht." Bedauerlich, aber anscheinend ist der Punkt gesunken.

In einer Situation, in der jeder, der nicht blind auf der Seite der neuen Kiewer Behörden steht, von denen, die die Absetzung Janukowitschs als Präsident der Ukraine durch die neuen Behörden in Kiew unterstützen, als russischer Troll, Kommunist oder Antiwestler gebrandmarkt wird; in einem Fall, in dem pro-Kiew das Risiko birgt, Sie werden als Faschist, Imperialist, Rassist, Pro-West, Fanatiker oder Interessenorientiert bezeichnet; ein Freidenker zu sein, vor allem jemand, der für einen Konsens steht, scheint überhaupt nicht in Mode zu sein.

Zunächst einmal bin ich kein Janukowitsch-Anhänger. Er war ein Dieb. Wie die vor und nach ihm, aber zumindest gewann er die freiesten Wahlen in der ukrainischen Geschichte. Die mehr als die Hälfte der Ukraine, die ihn an die Macht gewählt hat, haben sich nicht an seinem Sturz beteiligt, und anscheinend waren sie die arbeitende Hälfte der Ukraine (schauen Sie sich eine Karte des BIP und des Pro-Kopf-BIP an) der Ukraine, um zu verstehen, wovon ich spreche.

Auf dem Maidan/ Was hat ihn verursacht?

Position occidentale : Ianoukovitch a refusé de signer un accord d'association avec l'UE (avec comme demande annexe la libération de sa rivale aux élections présidentielles de 2010 Ioulia Timochenko, qui a dû être condamnée à sept ans de prison par un tribunal ukrainien le 11 octobre 2011 après avoir été reconnue coupable d'avoir abusé de ses fonctions lors de la négociation de l'accord gazier de 2009 avec la Russie en dépassant criminellement ses pouvoirs de Premier ministre à l'époque).

Janukowitschs Position: Das Abkommen war selbstmörderisch. Es zu akzeptieren hätte bedeutet, die Deindustrialisierung der Hälfte der Ukraine zu akzeptieren, die seine Unterstützerbasis bildete; Die EU stellte wenig finanzielle Unterstützung oder Anreize zur Verfügung und forderte Reformen, die die Ukraine nach unten gezogen hätten. Kurz gesagt, kurzfristig mehr Schmerzen als Vorteile, eine Pille, um Wahlen zu verlieren. Und die Ukraine befand sich wirtschaftlich und finanziell in einer notleidenden Lage. Russland konterte das entmutigende Angebot der EU, indem es der Ukraine Erleichterungen in Form von Krediten anbot, die er annahm. (In Bezug auf die Forderung der EU nach freilassung von Julia Timoschenko vertrat Janukowitsch die Auffassung, dass es sich bei den Fällen gegen sie um unparteiische Maßnahmen zur Bekämpfung der Korruption in der Ukraine handelte.)

Reaktion: Dieser Vorstoß aus Russland, der vor kurzem nicht erwartet worden war, gefiel Janukowitschs Gegnern nicht, von denen eine überproportionale Mehrheit aus Galizien stammt, auch Halytschyna genannt (Lwiw, Ternopil und Iwano-Frankiwsk), wo fremdenfeindliche Nationalisten die Avantgarde bildeten (Rechter Sektor, Swoboda usw.), gefolgt von einem erheblichen Teil aus anderen Teilen der West- und Zentralukraine. sowie Rinnsale aus der Ost-/Südukraine. Diese antirussischen Gruppen protestierten auf dem Maidan in Kiew, unterstützt durch die physische Anwesenheit von Mitgliedern der US-Regierung (Victoria-Nuland von der Exekutive, McCain von der Legislative usw.), Mitgliedern der EU wie Catherine Ashton von DER EU-Außenpolitik sowie anderen ausländischen europäischen Persönlichkeiten. Im Juli 2014 kommentierte die britische The Daily Mail die Situation in der Ukraine: *"Schauen Sie auch nicht in die EU, wo die nichts wissende ehemalige Lokale Ratsbeamtin Lady Ashton, lächerlicherweise zuständig für auswärtige Angelegenheiten, den russischen Bären mit einem kümmerlichen Stock gestoßen hat, indem sie versucht hat, die Ukraine in den Brüsseler Schoß zu locken. [82]"*. Auch die Tatsache, dass europäische Staats- und Regierungschefs wie Angelina Merkel aus Deutschland die prominenten Führer der Anti-Janukowitsch-Kräfte (Oleh Tyahnybok, Vitali Klitschko, der heute Bürgermeister der Ukraine ist, und Arseniy Yatsenyuk, der vom 27. Februar 2014 bis 14. April 2016 als Premierminister der Ukraine regierte) empfing und ihre Präferenz unter den drei Maidan-Führern zum Ausdruck brachte, eine Präferenz, die der von Victoria Nuland aus den USA widersprach, deutete darauf hin, dass große Entwürfe im Gange waren, selbst wenn die westlichen Mächte nicht vollständig aufeinander abgestimmt waren, wie weit sie gehen sollten, um die Ukraine von Russland wegzureißen.

Wenn wir das BBC-Programm (*Snipers at Maidan: The*

untold story of a massacre in Ukraine – Newsnight) über die Maidan-Scharfschützen googeln, die die Schießerei (auf die Polizei) auf dem Platz begannen, der von der Opposition in das Protestlager oder Widerstandslager umgewandelt worden war, und damit die Rolle von Agenten-Provokateuren spielten, weil ihre Schüsse die Polizei dazu veranlassten, das Feuer zu erwidern (eine Reaktion, die ich immer noch ablehne), es wird deutlich, dass die Morde auf dem Kiewer Maidan-Platz orchestriert wurden, um Janukowitsch noch weiter zu beschmutzen.

Basierend auf Janukowitschs damaligen Worten und einem kürzlichen BBC-Interview, in dem er erklärte, dass er nicht den Befehl für die Erschießung gegeben oder es genannt habe, von der Polizei zurückzukehren, findet der neugierige Geist mehr Fragen als Antworten über das dominante Narrativ, das von den Unternehmensmedien präsentiert wird. Viele Menschen haben darüber nachgedacht.

Menschen starben (Demonstranten und Polizisten), und es wurde ein Konsens gesucht, der von den westlichen Mächten vermittelt wurde. Dieses von Präsident Viktor Janukowitsch und den Oppositionsführern unterzeichnete Ukraine-Abkommen, das darauf abzielt, die monatelange politische Krise zu beenden, forderte:

- Vorgezogene Wahl
- eine Unionsregierung,
- und für den Abzug der Streitkräfte (Regierung und Demonstranten).

Janukowitsch erfüllte seinen Teil der Abmachung, indem er seine Sicherheitskräfte von der Straße nahm. Die Ultranationalisten, die die Avantgarde der Protestbewegung bildeten, drängten jedoch die drei Führer der Protestbewegung ins Abseits, nutzten Janukowitschs Truppenabzug aus Kiew aus und rückten dann auf ihn zu. Janukowitsch floh nach Charkiw (Charkow) und am nächsten Tag leiteten seine Gegner im Einkammerparlament der Ukraine, genannt Werchowna Rada oder einfach Rada, eine Sitzung, in der seine Anhänger verjagt / geschlagen / bedroht / überredet wurden usw. Das Ergebnis der Stimmen, die daraus hervorgingen, war eines, das weniger als die Hälfte der parlamentarischen Stimmen hervorbrachte, Janukowitsch als Präsident der Ukraine stürzte, ihn einen Flüchtling nannte und um seine Verhaftung bat.

Die Frage, die Janukowitschs Anhänger gestellt haben, ist:

> *Was wäre wohl passiert, wenn die Ultranationalisten den belagerten ukrainischen Präsidenten Viktor Janukowitsch in die Hände bekommen hätten?*

"Ein Gaddafi-Szenario, natürlich..." Janukowitschs russische Verbündete und Millionen, die die Maidan-Revolution als Staatsstreich gegen den demokratisch gewählten Janukowitsch betrachten, vertreten diese Ansicht, die in verschiedenen Formen in Worten zum Ausdruck kommt, die die westlichen Mächte (NATO und Europäische Union) beschuldigen, sie zu leiten.

Die meisten rationalen Köpfe hatten erwartet, dass diejenigen, die das Abkommen zwischen Janukowitsch und seinen Gegnern vermittelten, sich der verfassungswidrigen Übernahme durch Janukowitschs Gegner widersetzen würden; Die meisten rationalen Köpfe erwarteten, dass die westlichen Makler auf der Umsetzung des Abkommens bestehen würden. Aber da das nicht geschah, da die Makler freudig verkündeten, dass alles nichtig sei, nachdem diejenigen, die sie unterstützten, gewaltsam die Regierung übernommen hatten, kamen die meisten rationalen Köpfe zu dem Schluss, dass Janukowitsch zu einem Kompromiss oder Konsens verleitet wurde, der ihn den Launen seiner Gegner oder Feinde aussetzte und dadurch die Machtergreifung seiner Gegner ermöglichte.

Wie Janukowitsch in seinem Interview sagte. Putin half, sein Leben zu retten, indem er den russischen Streitkräften befahl, ihn aus der Ukraine zu vertreiben. Und wie der neue ukrainische Präsident Poroschenko letzte Woche in seiner Anfrage an die Richter des Landes sagte, "war die Entfernung von Janukowitsch verfassungswidrig". Es ist offensichtlich, dass er sich diesmal gegen eine andere gefürchtete Maidan-Bewegung gegen ihn vorbereitet, von der erwartet wird, dass sie wieder von den Ultranationalisten angeführt wird, von denen einige ihre Absicht geäußert haben, die Macht für sich selbst zu ergreifen (eine weitere Maidan-Revolution, wie sie es nennen).

- *Stimme ich der Reaktion Russlands auf die Absetzung von Viktor Janukowitsch zu,*

- *jemandem, dem der Kreml nicht voll vertraute?*
- Nein, das tue ich nicht. Genauso wie ich die westliche Einmischung in ukrainische Angelegenheiten vor und nach Janukowitsch nicht billige, Schritte, die dabei die Souveränität der Ukraine untergraben haben.

- *Fürchteten die Menschen auf der Krim die Entwicklungen in Kiew und wollten sich mit Russland wiedervereinigen?*
- Ja, die meisten Menschen auf der Krim missbilligten Janukowitschs Absetzung, eine Person, für die die klare Mehrheit der Krimbewohner gestimmt hat.

- *Hat Russland die Situation ausgenutzt?*
- Ja, das tat es.

- *Haben sich auch die Menschen im Donbass (Donezk und Lugansk) gegen die verfassungswidrige Absetzung Janukowitschs ausgesprochen?*
- Ja, sie taten es und waren die lautesten darüber; Schließlich ist er ihr Sohn und sie haben bei den letzten Präsidentschaftswahlen, die er gewonnen hat, mit überwältigender Mehrheit für ihn gestimmt, die von der Welt als die freiesten in der ukrainischen Geschichte angesehen werden.

- *Wurden die Menschen in diesen Anti-Maidan-Provinzen in der Ukraine von russischen Bürgern unterstützt (hauptsächlich Don-Kosaken, die die Grenzen zu Russland überschreiten)?*

- Ja, die Reaktionäre auf Janukowitschs Absetzung hatten Unterstützung von russischen Bürgern, von denen einige ukrainischer Herkunft sind/waren, so wie ausländische Bürger die Maidan-Demonstranten unterstützten.

- *Hat die vom Westen unterstützte Poroschenko-Regierung klug gehandelt, indem sie den Protest angriff, der sich in eine Rebellion in den Donbass-Provinzen Donezk und Lugansk verwandelte?*
- Nein, Janukowitschs Gegner, die in Kiew die Macht ergriffen haben, haben unklug gehandelt. Wie hätten sie sich gefühlt, wenn die Menschen im Osten den ehemaligen prowestlichen ukrainischen Präsidenten Viktor Juschtschenko gestürzt hätten?

Nun verstehen wir aus dem oben Gesagten die Gründe, warum die beiden ukrainischen Fraktionen (pro-russisch und pro-westlich) zusammensitzen und ihre Differenzen lösen müssen, wobei sie die Ängste, Sorgen, Träume, Hoffnungen, Stolz, Kultur und Bindungen des anderen berücksichtigen müssen ; in ähnlicher Weise, wie die Südafrikaner ihre Differenzen zwei vor Jahrzehnten und entstand aus der Apartheid als die "Neue Südafrikanische Republik", die ihr Abgleiten in den Abgrund stoppte und ihren Marsch in eine vielversprechende Zukunft als ein Land begann, das einen respektvollen Platz für alle seine Bürger hat.

Ein Konsens ist das, was rationale, logische und humane

Köpfe vorschlagen würden. Keine Seite in der Ukraine kann gegen die andere gewinnen. Janukowitsch mit seinen unzähligen Fehlern verstand das besser als der fehlerhafte Poroschenko und die anderen stark fehlerhaften Symbole des ukrainischen Nationalismus.

Religiöser Fundamentalismus ist heute die größte Bedrohung für die Menschheit, und Nationen und Völker, die von ihm bedroht sind, müssen rational genug sein, um ihre kleinen Differenzen beiseite zu legen und zusammenzuarbeiten, um die Welt sicher und förderlich für diejenigen zu machen, die nicht vom Opium der Verzerrung der Religion berauscht sind.

Wir können etwas Trost oder Licht finden, indem wir eine Lehre aus dem Zitat der französischen Legende Charles De Gaulle ziehen, der schrieb: *"Patriotismus ist, wenn die Liebe zu deinem eigenen Volk an erster Stelle steht; Nationalismus ist, wenn Hass auf andere Menschen als die eigenen an erster Stelle steht."*

Ausgehend von diesem Zitat kann ein rationaler Verstand nicht anders, als sich zu fragen, ob die meisten ukrainischen Nationalisten Patrioten oder etwas anderes sind, ob sie rassistisch und extrem rechtsextrem in ihren Ansichten und Handlungen sind, wie ihre Gegner sie darstellen.

Mittwoch, 1. Juli 2015

Drittes Kapitel

Der Konflikt in der Ukraine und den Medien als Spiegelbild des fehlgeleiteten geopolitischen Aufbaus und einer verzerrten Vision für die Menschheit

Die Welt braucht eine Umstrukturierung, die auf Humanismus basiert und sich auf die Menschlichkeit konzentriert, eine Neukalibrierung der Beziehungen zwischen den Nationen, eine, die frei von Heuchelei ist und in der menschliche Werte vor irrationale Selbst- oder nationale Interessen gestellt werden. Die Welt braucht diesen Moment eines Resets, wenn auch nur für kurze Zeit. Wenn sich die Macher der Welt nicht auf eine solche Umstrukturierung einlassen, dann sind wir alle dem Untergang geweiht. Unsere Welt braucht auch dringend eine Offenheit oder glasnost, wo "die Dinge beim Namen zu nennen" die Norm wäre, wo Ehrlichkeit, Integrität und gemeinsames Interesse vorherrschen.

Eine Auseinandersetzung mit geopolitischen Novizen, die von Eigeninteressen getrieben sind, vermittelt den Verfechtern der sozialen Solidarität eine Vorstellung von der Engstirnigkeit einiger der Macher der Welt, vermeintlichen

Experten für Völkerrecht, internationale Beziehungen und Geschichte, deren Handlungen und Politiken die Menschheit zu Frieden und Fortschritt führen sollen, aber leider die Welt zur Selbstzerstörung drängen.

Die meisten humanen Menschen, Altruisten und Verfechter sozialer Solidarität verurteilen oder bedauern die Heuchelei, die heute in der Weltpolitik vor sich geht. In einer Welt, die von so vielen von Menschen verursachten Konflikten heimgesucht wird, die vermeidbar waren, sticht der ukrainische Konflikt als der dümmste hervor, das heißt, für einen rationalen Verstand. Leider leben wir in einer Welt, in der der Rationalismus jeden Tag immer knapper wird und in der viele Staats- und Regierungschefs der Welt die Auswirkungen ihrer Handlungen und Politiken nicht zu verstehen scheinen.

Im Ukraine-Konflikt wird deutlich, dass sich die Ukrainer von ihren Eliten instrumentalisieren ließen, dass der Westen den Konflikt mit seinen Aktionen im Land vor, während und nach den Maidan-Protesten angezettelt hat, ein Prozess, der zum Sturz des ehemaligen demokratisch gewählten ukrainischen Präsidenten Viktor Janukowitsch führte, der die Reaktion Russlands auslöste. was zu der aktuellen Pattsituation im Land heute führt. Ich verstehe die Position Russlands angesichts der hinterhältigen Taktik des Westens in der Ukraine. Ich unterstütze jedoch nicht alle Aktionen Russlands , da ich das Vorgehen und die Politik der Westmächte in der Ukraine bedauere. Leider sind die einfachen Leute, das einfache ukrainische Volk, die Opfer des Chaos, zu dem das Land heute geworden ist, ein Durcheinander, in dem Hooligans jetzt den Kurs einer

Nation lenken und Brüder gegen Brüder ausspielen. Dennoch können Lehren aus Südafrika gezogen werden, um eine "Neue Ukraine" aufzubauen, in der Konsens die Losung ist. Schließlich kann die pro-westliche Seite oder die pro-russische Seite der anderen nicht ihren Willen aufzwingen, ohne dabei die Ukraine zu zerstören.

Was viele Humanisten nicht verstehen können, ist die Heuchelei und Rosinenpickerei. Warum unermüdlich daran arbeiten, einen demokratisch gewählten Dieb (Janukowitsch) abzusetzen, der einen anderen demokratisch gewählten, vom Westen unterstützten Dieb (Juschtschenko) in der Ukraine ersetzt hat, während er gleichzeitig böse, blutrünstige Diktatoren an der Macht in anderen Teilen der Welt aufrechterhält, Tyrannen, die von ihrem Volk mit überwältigender Mehrheit abgelehnt werden? Vom Westen unterstützte psychopathische Marionetten gibt es in Afrika zuhauf (Paul Biya aus Kamerun - 33 Jahre an der Macht, Obiang Nguema aus Äquatorialguinea - 37 Jahre an der Macht, die Ödeme von Togo - 5 Jahrzehnte, Bongos von Gabun - 5 Jahrzehnte usw.), die ihre Länder an die ausländischen Entitäten verkaufen, die Beute in westlichen Banken retten, ihre Länder verarmen und ihre besten Bürger dazu drängen, mit ihren Füßen zu wählen, indem sie in fortgeschrittene Länder ziehen. nur um von einigen Bürgern ihrer Gastländer als illegale Ausländer bezeichnet zu werden; doch die Medien sprechen nicht über diesen Fluch für die Menschheit und insbesondere das afrikanische Volk, Flüche, die sich als Staatsoberhäupter ausgeben; doch die Großmächte der Welt schlagen nicht einmal ihren Sturz vor (sie dienen den Interessen der ausländischen Entitäten und dienen der bigotten Ansicht, dass "Afrikaner zu nichts führen können"). Deshalb finden es rationale Geister seltsam, dass die gleichen Medien mit der Absetzung eines gewählten Präsidenten der Ukraine freudig, wenn nicht sogar in Ordnung sind, ein Medium, das sich fragt, warum die Menschen, die Janukowitsch an die Macht gewählt haben, die "Kühnheit" hatten, sich dem vom Westen unterstützten Putsch zu widersetzen. Es ist, als würde man eine Person vergewaltigen und wütend werden, dass die Person es nicht genossen hat und die Vergewaltigung in Frage stellt.

Jeder echte Humanist und Demokrat würde auch die Wege des abgesetzten ukrainischen Präsidenten Janukowitsch verabscheuen, aber er war nichts anderes als ein Dieb. Die Typen, denen der Westen durch Janukowitschs Absetzung in Kiew zur Macht verholfen hat, sind auch Diebe und noch mehr Mörder mit einer exklusiven Agenda, gestützt von einer Avantgarde (rechtsextreme Gruppen) mit faschistischen / Nazi-Ideen und Methoden, die etwa die Hälfte der Bevölkerung der Ukraine ausgrenzen, eine Denkweise, die die Welt kontaminiert.

Die Staats- und Regierungschefs der Welt müssen damit beginnen, geopolitische Fragen mit Blick auf die Menschheit als übergeordnetes Ziel anzugehen. Sie müssen Nelson Mandela nacheifern. Das ist der einzige Ansatz, der am Ende den politischen Extremismus besiegen und die Sache der Menschheit voranbringen würde . Und ohne die aktuelle Heuchelei auch in Afrika anzugehen, würde der Kontinent zum nächsten geopolitischen Brennpunkt zwischen dem aufstrebenden China, den westlichen

Nationen und anderen aufstrebenden Mächten der Welt werden. Afrika muss es erlaubt sein, das afrikanische Haus zu reinigen, und das Beste, was ausländische Mächte tun können, ist, ihm zu helfen, die Hausreinigung zu erreichen. Um ehrlich zu sein, sind viele ausländische Nationen teilweise verantwortlich für das Chaos, das viele afrikanische Länder heute sind.

Religiöser Fundamentalismus ist heute die größte Bedrohung für die Menschheit, und Nationen und Völker, die von ihm bedroht sind, müssen rational genug sein, um ihre kleinlichen Differenzen beiseite zu legen und zusammenzuarbeiten, um die Welt sicher und förderlich für diejenigen zu machen, die nicht vom Opium der Religion berauscht sind, das durch verdrehte Köpfe verzerrt wurde.

Mittwoch, 6. Mai 2015

Viertes Kapitel

Die Language Composition der Ukraine

Die dominierenden Sprachen der Ukraine

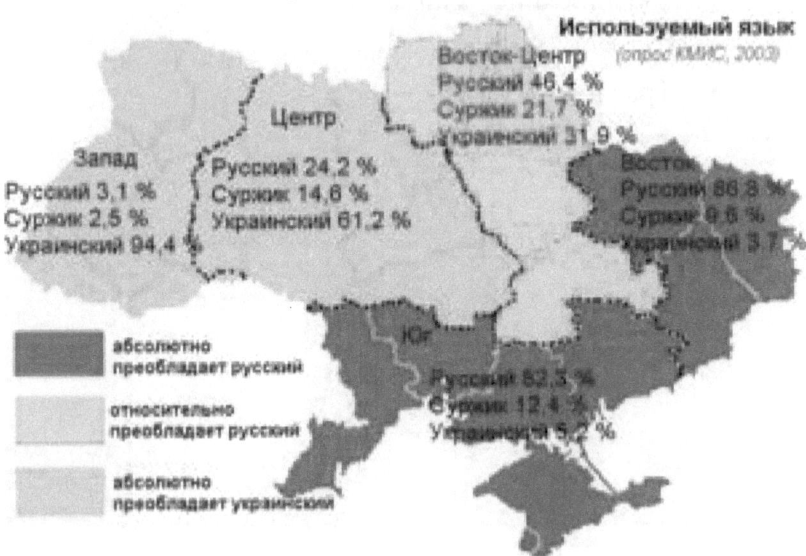

1. АбсолютнопреобладаетРусский (Vollständig vom Russischen dominiert) = Dunkelgrün
2. относительнопреобладает Русский (Relativ vom Russischen dominiert) = Hellgrün
3. АбсолютнопреобладаетУкраинский (Vollständig vom Ukrainischen dominiert) = Orange

Regionen der Ukraine und Weißrussland:

Запад= Westen (Ukraine)

центр= Zentrum (Ukraine)

востокцентр= Zentrum Ost (Ukraine)

восток=Ost (Ukraine)

юг=Süden (Ukraine)

Hauptsprachen, die in der Ukraine und Weißrussland

gesprochen werden:

- Русски= Russisch
- Украинский=Ukrainisch
- Суржик=Surzhik
- Трасянка=Trasianka

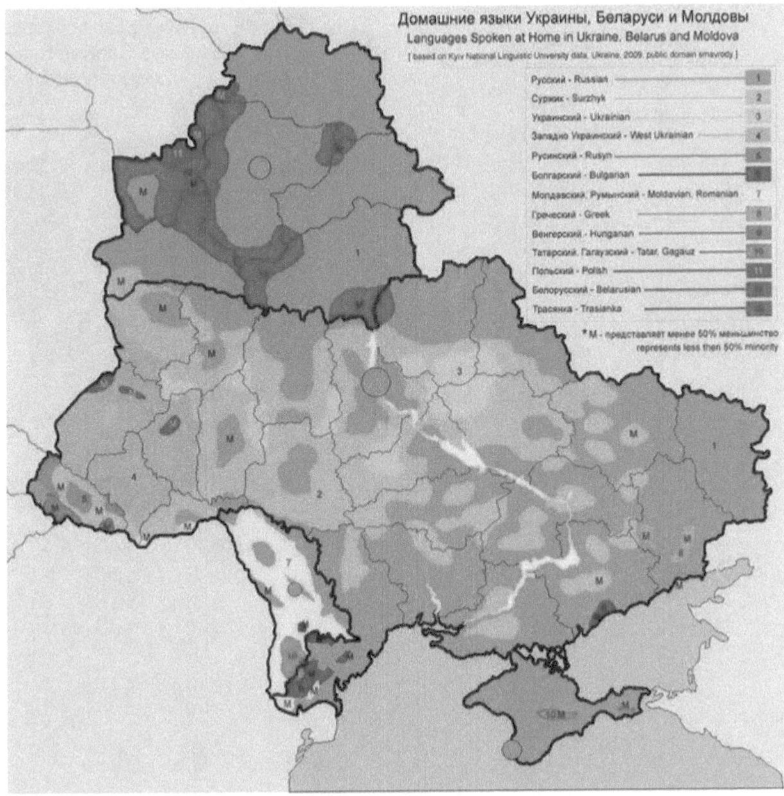

Prozentsatz der Menschen, die wollen, dass Russisch eine zweite Staatssprache wird

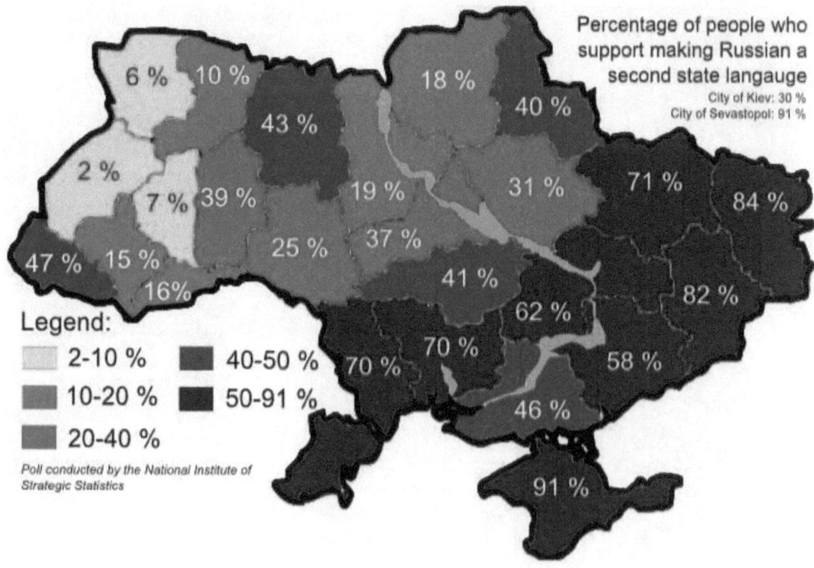

Sonntag, 17. Mai 2015

Fünftes Kapitel

Wirtschaftsgefälle Ost/West der Ukraine (Bruttoregionalprodukt pro Kopf der Provinzen (Oblaste))

Die Administrative Karte der Ukraine

Bruttoregionalprodukt pro Kopf in der Ukraine: US-Dollar (2008)

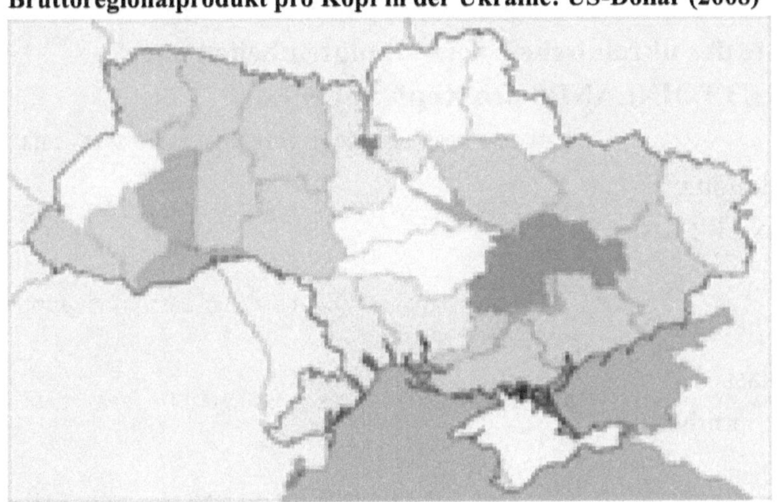

mehr als 10 000: Kiew Stadt

 5 000 - 10 000: Oblast Dnipropetrowsk

4 000 - 5 000: Oblast Donezk, Oblast Saporischschja,
Oblast Poltawa, Oblast Charkiw

3 000 - 4 000: Oblast Kiew, Oblast Odessa, Oblast
Luhansk, Oblast Mykolajiw; Sewastopol Stadt

2 500 - 3 000: Oblast Tscherkassy, Oblast Lwiw, Sumy,
Oblast Kirowohrad, Oblast Tschernihiw; Autonome
Republik Krim

 2 000 - 2 500: Oblast Iwano-Frankiwsk, Oblast
Wolhynien, Oblast Riwne, Oblast Winnyzja, Oblast
Cherson, Oblast Chmelnyzkyj, Oblast Schytomyr, Oblast
Transkarpatien

 weniger als 2 000: Oblast Czernowitz, Oblast Ternopil

Bruttoinlandsprodukt pro Kopf (nominal) 2004-2013

Liste der ukrainischen Verwaltungseinheiten nach BRUTTOINLANDS pro Kopf (in USD.)[1]

	2004	2005	2006	2007	2008	2009	2010	2011	2012	2013
Autonome Republik Krim	930	1,260	1,604	2,094	2,638	1,788	2,080	2,452	2,837	2,952
Oblast Tscherkassy	912	1,303	1,625	2,046	2,768	1,847	2,183	2,655	3,073	3,274
Oblast Tschernihiw	970	1,263	1,527	1,996	2,508	1,684	1,941	2,438	2,765	2,828
Oblast Tscherniwzi	675	908	1,119	1,459	1,855	1,204	1,378	1,666	1,818	1,896
Oblast Dnipropetrowsk	1,618	2,324	3,017	4,132	5,870	3,560	4,374	5,298	5,587	5,797
Oblast Donezk	1,826	2,437	3,114	3,999	4,942	2,969	3,653	4,590	4,868	4,733
Oblast Iwano-Frankiwsk	985	1,349	1,615	1,991	2,457	1,602	1,867	2,441	2,925	3,005
Oblast Charkiw	1,350	1,761	2,248	3,098	4,043	2,724	2,979	3,522	3,750	3,894
Oblast Cherson	854	1,115	1,335	1,608	2,268	1,573	1,808	2,140	2,241	2,416
Oblast Chmelnyzkyj	855	1,125	1,391	1,802	2,265	1,512	1,714	2,174	2,493	2,523
Oblast Kiew	1,250	1,692	2,162	2,977	3,910	2,794	3,294	4,335	5,066	5,003
Oblast Kirowohrad	963	1,247	1,529	1,890	2,566	1,681	1,957	2,508	2,763	3,194
Luhansk Oblast	1,123	1,586	1,997	2,698	3,481	2,126	2,494	3,157	3,247	3,066
Oblast Lwiw	1,014	1,299	1,653	2,161	2,639	1,809	2,061	2,580	3,052	3,120

Liste der ukrainischen Verwaltungseinheiten nach BRUTTOINLANDS pro Kopf (in USD.)[1]

	2004	2005	2006	2007	2008	2009	2010	2011	2012	2013
Oblast Mykolajiw	1,208	1,522	1,934	2,421	3,071	2,188	2,555	2,947	3,108	3,422
Odessa Oblast	1,321	1,682	2,055	2,738	3,728	2,611	2,841	3,243	3,387	3,643
Oblast Poltawa	1,662	2,258	2,837	3,663	4,267	2,867	3,737	4,439	4,808	5,000
Oblast Riwne	905	1,223	1,529	1,920	2,319	1,501	1,737	2,107	2,360	2,377
Sumy Oblast	941	1,268	1,554	2,029	2,586	1,749	1,980	2,494	2,718	2,942
Ternopil Oblast	661	898	1,152	1,487	1,839	1,314	1,476	1,896	2,083	2,104
Oblast Winnyzja	883	1,164	1,451	1,814	2,290	1,559	1,806	2,238	2,534	2,790
Oblast Wolhynien	897	1,226	1,465	1,923	2,343	1,514	1,754	2,140	2,409	2,479
Oblast Transkarpatien	797	1,048	1,302	1,673	2,017	1,294	1,547	1,820	2,138	2,132
Oblast Saporischschja	1,521	2,084	2,647	3,569	4,411	2,646	2,981	3,472	3,836	3,819
Oblast Schytomyr	826	1,084	1,314	1,680	2,192	1,465	1,842	2,164	2,446	2,538
Kiew Stadt	4,348	5,617	6,972	9,860	11,694	7,841	8,875	10,041	12,192	13,687
Sewastopol Stadt	1,099	1,454	1,996	2,566	3,150	2,178	2,578	3,094	3,237	3,598
Ukraine	**1,367**	**1,829**	**2,303**	**3,068**	**3,891**	**2,545**	**2,974**	**3,588**	**4,005**	**4,188**

Dienstag, 30. Juni 2015

Sechstes Kapitel

Ein Konsens über die Ukraine

Nach der Übernahme der Regierung des demokratisch gewählten ukrainischen Präsidenten Janukowitsch durch die belagerte Opposition ist klar, dass die externen Kräfte (der Westen – die Europäische Union, die NATO, die USA – und die Russische Föderation), die die beiden Seiten des Konflikts unterstützen, unnachgiebige Positionen eingenommen haben und verlangen, dass die andere Seite ihre Versionen der Natur des Konflikts und die Positionen, die sie eingenommen haben, vollständig akzeptiert. Leider führt die Unfähigkeit oder unwilligkeit sowohl der Westmächte als auch Russlands, die zaghaften Schritte zu unternehmen, um in einem Konflikt, in dem keine der Seiten falsch liegt, eine gemeinsame Basis zu finden, die Ukraine in Gefahr.

Territories annexed to Ukraine...

Die Präsidentschaftswahl 2010: Timoschenko (Blau), Janukowitsch (Rot)

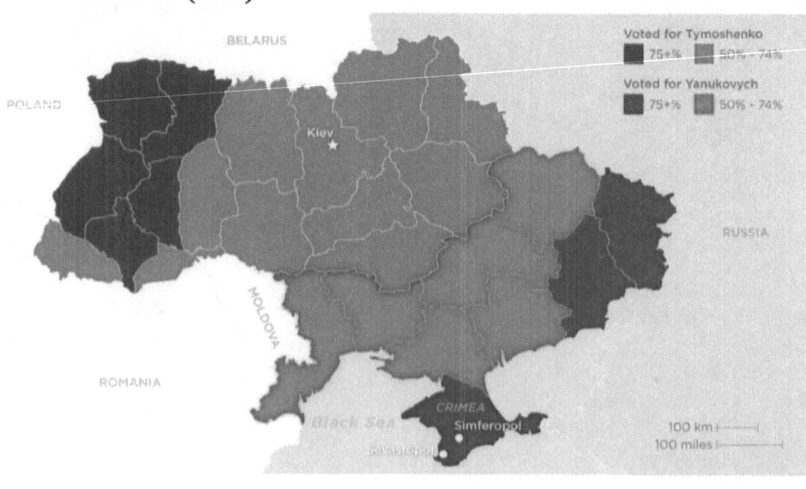

Das Janukowitsch-Regime war genauso korrupt wie die anderen vorgänger Regime, von denen zwei Drittel pro-westlich waren, aber es ist offensichtlich, dass die EU weit wenig Hilfe anbot, als Janukowitsch erwartet hatte, und dass Russlands Angebot verlockender war, was Janukowitschs Entscheidung, russische Hilfe anzunehmen, logisch macht. Die Reaktion der Opposition auf Janukowitschs Haltung passte gut zu ihrer Pro-EU-Orientierung, aber es war für alle klar zu sehen, dass die Opposition während ihres Protests viele rechtswidrige Aktionen durchführte, Aktionen, die keine Regierung der Welt tolerieren würde. Es war auch klar, dass das Janukowitsch-Regime gegenüber einigen Oppositionellen rechtswidrig gehandelt hat. Westliche Regierungen und Russland intervenierten zur Unterstützung des pro-europäischen bzw. pro-russischen Lagers, obwohl die westliche Intervention, offen schulterlang mit den Demonstranten im Herzen der Ukraine (Kiew) zusammenzustoßen, undiplomatisch war.

Es ist auch offensichtlich, dass sowohl der Westen als auch Russland Interessen an der Ukraine haben, obwohl Russland mehr zu verlieren hat als die westlichen Länder. In der letzten Pattsituation setzten beide Seiten – die Pro-EU-Demonstranten, die die Macht ergriffen und konsolidierten, und die Janukowitsch-Regierung, die gestürzt wurde – in den Monaten der Pattsituation auf dem Maidan-Platz in Kiew Waffen ein. Und es gab viermal mehr Opfer unter den Demonstranten als unter den Polizisten.

Ostslawische Stämme, die die Kiewer Rus bildeten

Ostslawische Stämme, die die Kiewer Rus bildeten

Staat der Kiewer Rus (Kiewer Rus):882-1240 n. Chr.

Nachfolgestaaten der Kiewer Rus nach der mongolischen Invasion

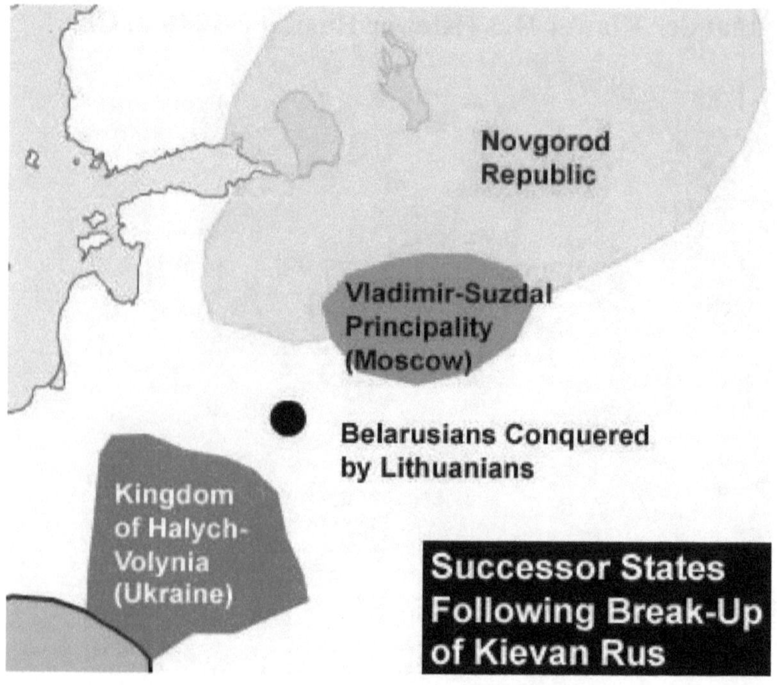

Unter Berücksichtigung des oben Gesagten, insbesondere während der Pattsituation, war ein Konsens das, was die meisten logischen oder rationalen Köpfe erwarteten. In gewisser Weise wurde es als Ergebnis eines Abkommens erreicht, das Janukowitsch damals mit der Opposition unterzeichnet hatte, ein Abkommen, das durch Unterschriften von Vertretern mehrerer westlicher Regierungen garantiert wurde. Die Tatsache, dass Janukowitsch am nächsten Tag von der Opposition gestürzt wurde, nachdem er die Streitkräfte aus Kiew abgezogen hatte, wie es das Abkommen verlangte, bedeutete einen Bruch. Und die Tatsache, dass Russland die Übernahme der pro-russischen Krim orchestriert hat, ist ebenfalls ein Bruch. Dennoch sollten diese beiden Aktionen nicht das Ende der Suche nach einem Konsens bedeuten, insbesondere zum Wohle des ukrainischen Volkes.

Prozentsatz der ethnischen Russen in der Ukraine im Jahr 2001 nach Oblast

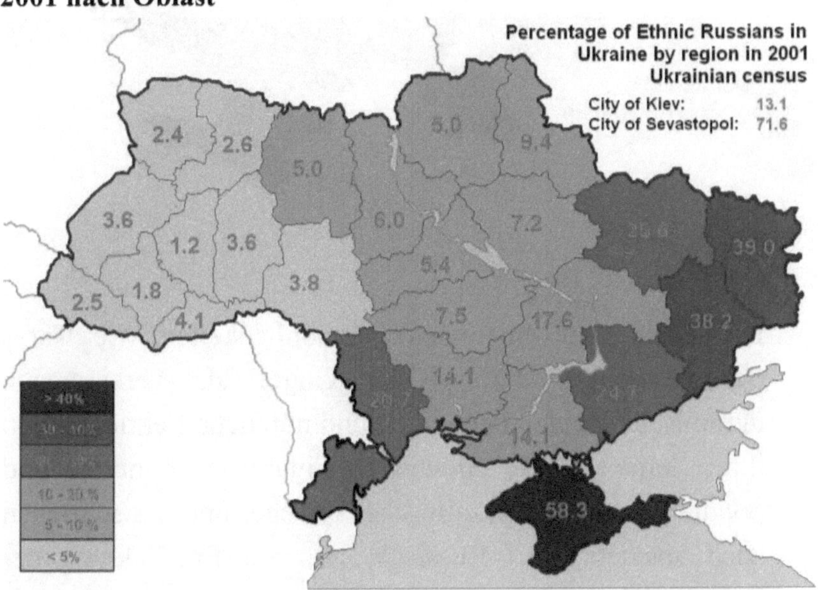

Prozentsatz der Menschen, die wollen, dass Russisch eine zweite Staatssprache wird

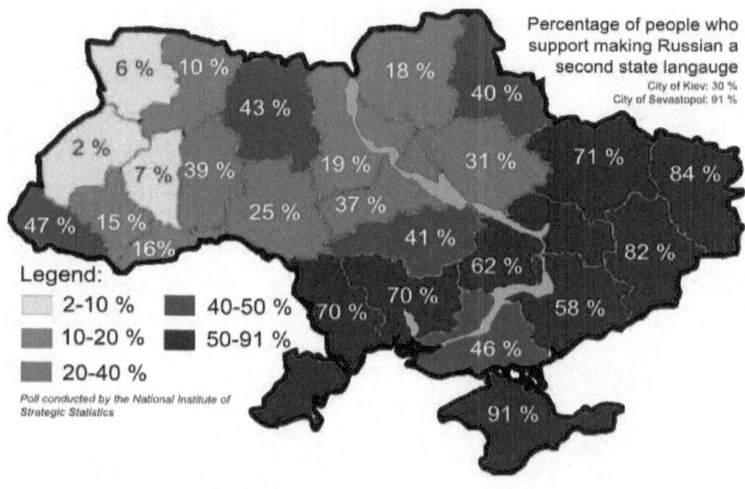

Die Welt kann historische Persönlichkeiten wie Taras Schewtschenko und Nikolai Gogol als vereinigende ukrainische Helden betrachten und nützliche Lektionen von ihnen lernen. Diese emulativen Figuren verfeinerten und popularisierten die ukrainische Sprache, und sie schrieben auch ausgiebig auf Russisch, was zur Entwicklung der Sprache beitrug. Die Ukrainer müssen sich als zweisprachiges Volk verstehen, auch wenn sie sich mitten in einem westrussischen Tauziehen befinden. Sie sind die Schachfiguren in den Händen des Westens und Russlands, wobei der Westen entschlossen ist, Russland zu isolieren und Russland zurückzuschlagen. Russland und der Westen müssen Schritte unternehmen, um eine gemeinsame Basis zu finden, und vor allem westukrainische Politiker müssen die Gefühle des Ostens / Südens respektieren.

Ukrainische Verwaltungsgliederung nach Monatsgehalt

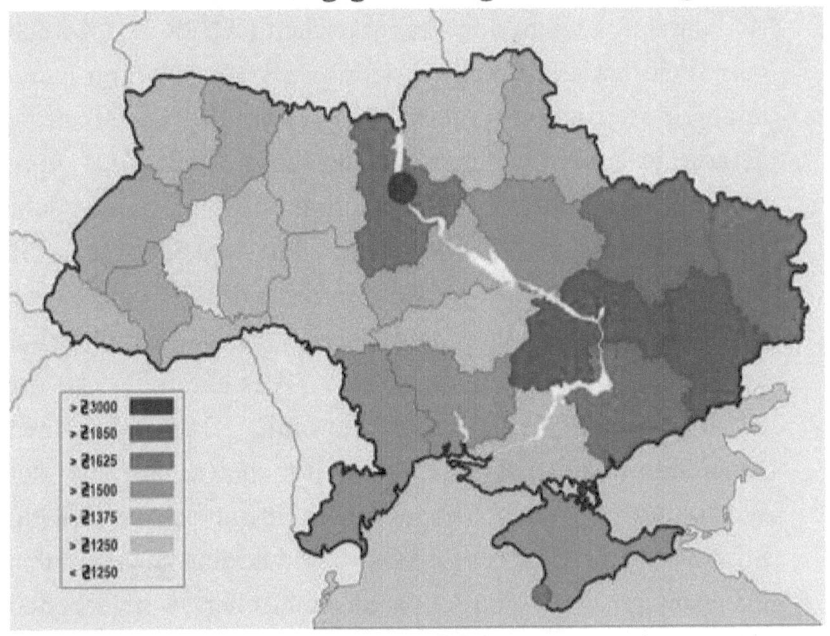

Der beste Weg vorwärts ist die Umsetzung des Plans, den die Opposition mit dem abgesetzten Präsidenten gemacht hat, oder zumindest eine überarbeitete Version davon, die Janukowitsch und die ehemaligen Oppositionsspieler möglicherweise nicht einmal einschließt, in Vorbereitung auf Wahlen, an denen Janukowitsch nicht teilnehmen müsste. In der Hauptsache sollte ein einvernehmlich vereinbarter Rahmen ausgearbeitet werden, der die Rechte der Völker auf beiden Seiten des Dnjepr anerkennt und verhindert, dass eine Partei die Rechte der anderen mit Füßen tritt.

Nachdem er gründlich darüber nachgedacht hatte, stellte sich heraus, dass Leonid Krawtschuk aus der Westukraine aufgrund von Machtkämpfen zwischen Zentral- und

Ostukrainern zum Führer der Ukrainischen SSR wurde und sich dann mit Jelzin von der russischen RFSSR und Kebich von Weißrussland (Weißrussland) SSR verschworen hatte, um die Sowjetunion zu zerreißen, obwohl ihre Bevölkerung gerade in einem referendum gestimmt hatte, das vom sowjetischen Führer Michail Gorbatschow im selben Jahr 1991 organisiert wurde und ihn ermächtigte, die Sowjetunion zu zerreißen. Reform der UdSSR in die Union der souveränen Sowjetstaaten, das Volk der Ukraine hat noch nie jemanden aus der Westukraine in die Präsidentschaft des Landes gewählt. Daher scheinen Aufstände der einfachste Weg für diejenigen aus der Westukraine zu sein, die es anscheinend schwer haben, Stimmen in der Zentral- und Ost- / Südukraine zu gewinnen, insbesondere von den anderen ethnischen Minderheiten (Ungarn, Rumänen, Moldawier, Bulgaren usw.).

In der Ukraine gesprochene Sprachen

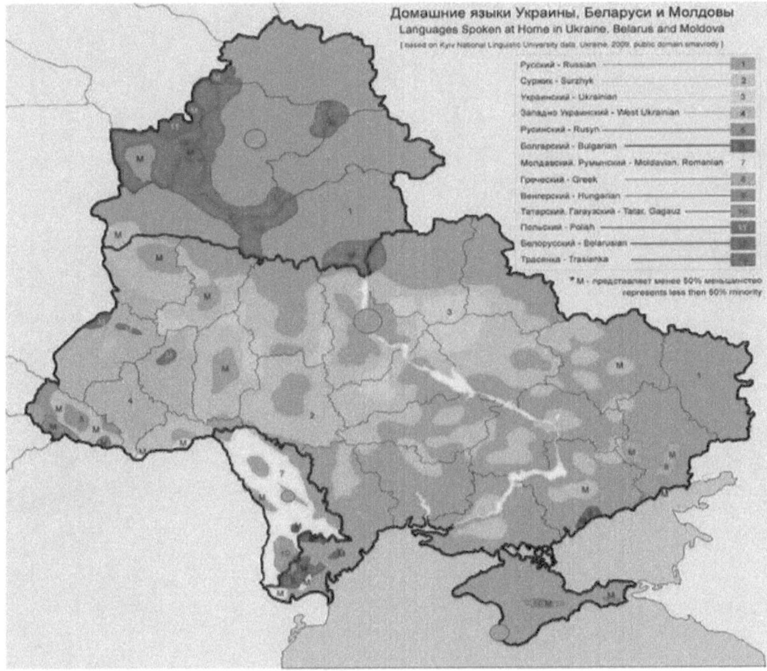

Die Sprache, die zu Hause in der Ukraine gesprochen

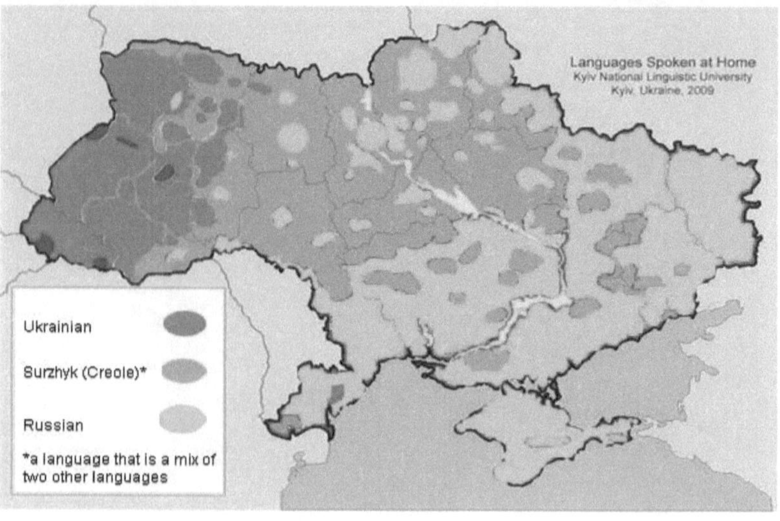

Es ist offensichtlich, dass die meisten Menschen in der Westukraine kaum jemanden aus dem Osten / Süden als Staatsoberhaupt der Ukraine akzeptieren würden, weil sie denken, dass die Menschen in der Ost- / Südukraine keine echten Ukrainer sind. Warum also nicht eine Neue Ukraine-Föderation entwickeln, die im Großen und Ganzen aus drei Bereichen besteht? Viele Leute denken, dass es der beste Weg ist, dies zu tun. Diese drei Gebiete oder Einheiten sollten sich aus ihren derzeitigen Provinzen zusammensetzen:

- (Eine zweisprachige Zentralukraine, die sich auf Kiew konzentriert, wo Russisch und Ukrainisch gleichermaßen anerkannt sind.

- Eine föderale Einheit in der Ost- / Südukraine, in der die Prävalenz von Russisch akzeptiert wird.
- Und eine westukrainische föderale Einheit, in der Ukrainisch vorherrscht).

Die Ukraine kann viel von Südafrika lernen, wenn es darum geht, sich aus seiner Apartheid-Vergangenheit neu zu erfinden. Oder aus der Schweiz, die trotz ihrer Vielfalt funktioniert. Belgien ist ein geteiltes Land, das immer noch zusammen ist. Kamerun hält trotz des faschistischen, von Frankreich auferlegten Systems, das derzeit unter der 32-jährigen Herrschaft des unpopulären und wahlmanipierenden Monsters Der französischen Marionette Paul Biya steht, immer noch zusammen.

Das Königreich Galizien-Wolhynien (Westukraine) von 1253-1349 **, das aus dem Untergang der Kiewer Rus nach der mongolischen Invasion und Besetzung des Landes (Die Goldene Horde) von 1239-41 hervorging, aus dem auch Moskau (Russisches Reich) hervorging.**

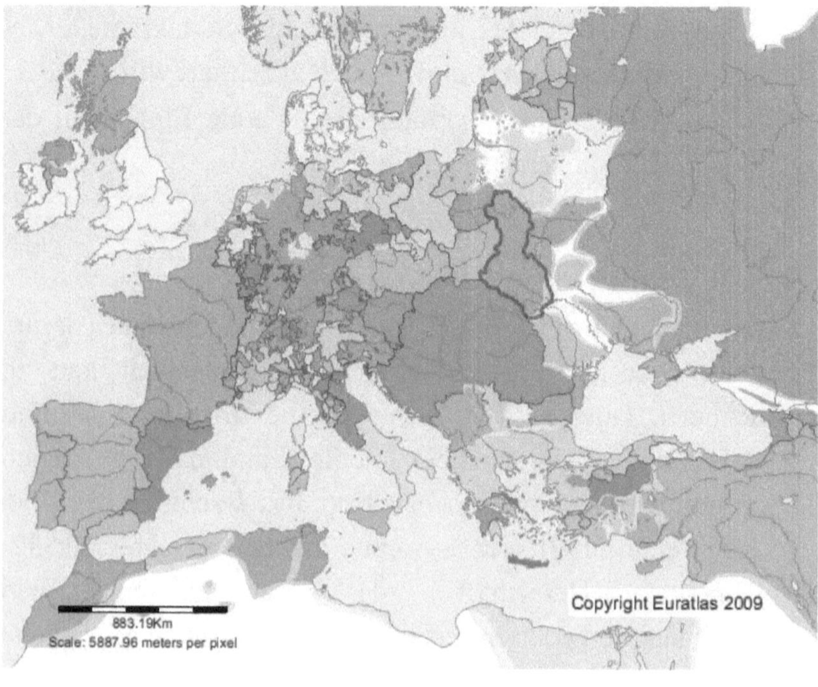

Das polnisch-litauische Commonwealth 1569-1795.

Umriss des polnisch-litauischen Commonwealth mit seinen wichtigsten Unterteilungen nach dem Waffenstillstand von Deulino von 1618, überlagert von den heutigen Landesgrenzen.

Krone des Königreichs Polen

Großfürstentum Litauen

Herzogtum Livland

Herzogtum Preußen, ein polnisches Lehen

Herzogtum Kurland und Semgallen, ein Commonwealth-Lehen

Das kurzlebige Hetmanat oder Kosakenheer von 1649-1764 (Unabhängig von Polen von 1648-57 während des Aufstandes unter der Führung des Saporoger Kosakenhetman Bohdan Chmelnyzkyj, bis es dem Zarentum Russland die Treue schwor). Von vielen Historikern als der erste ukrainische Staat angesehen.

Der kurzlebige ukrainische Staat april-dezember 1918 wurde vom antibolschewistischen Pawlo Skoropadskyj gegründet.

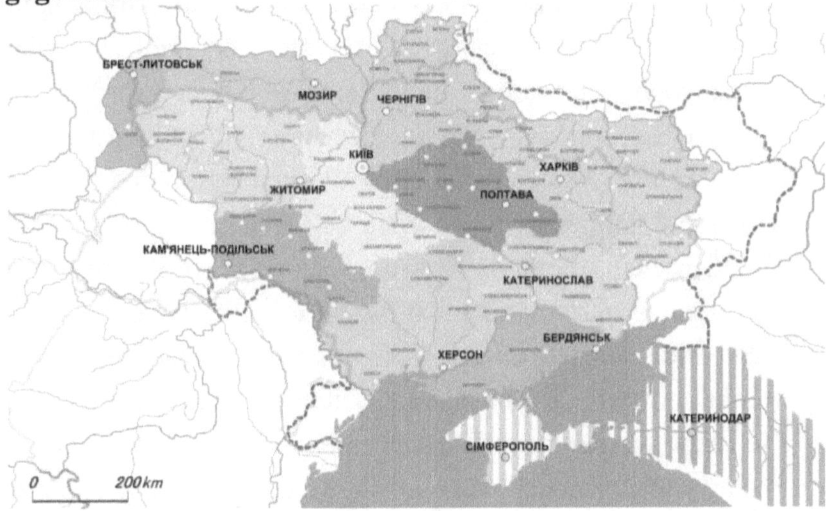

Politische Landkarte der Ukraine bis Februar 2014

Und warum nicht neutral machen? Auf diese Weise wird dieses hochkomplexe Land, dessen Menschen sich nicht wirklich voneinander unterscheiden und das in Wirklichkeit von Differenzen geplagt wird, die vor Jahrhunderten entstanden sind und durch Kräfte seiner nördlichen, westlichen und östlichen Grenzen verursacht wurden, zu einer Brücke zwischen der Europäischen Union und der von Russland geführten Eurasischen Union.

Konsens sollte die Losung sein. Sowohl die neue Regierung in Kiew als auch ihr Erzfeind in der Ostukraine üben die Kontrolle durch Macht und Gewalt aus. Sie wurden nicht gewählt oder sind sie die Wahl des Volkes. Diejenigen in Kiew werden vom Westen unterstützt und kamen durch Betrug und Einen Putsch an die Macht. Diejenigen in der Ostukraine haben Russlands Segen und erkennen die Rechten in Kiew nicht an , die gegen Russland, ethnische Russen und russifizierte Ukrainer sind. Beide illegalen Lager dienen also nicht den Interessen der Ukraine und setzen sich besser zusammen und finden einen Konsens für die Interessen des größten Teils des ukrainischen Volkes. Sie sollten von dem von Mandela geführten Südafrika nach der Apartheid lernen.

Setzen Sie sich hin und arbeiten Sie eine Übergangsregierung aus, die alle ukrainischen Gruppen und die Zivilgesellschaft vertritt, machen Sie das Land offiziell zweisprachig usw., erarbeiten Sie eine neue Verfassung, die die Rechte aller respektiert, und organisieren Sie dann freie und faire Wahlen, bei denen die Kandidaten in jedem Teil der Neuen Ukraine frei Wahlkampf machen können und nicht von denen, die sich ihnen widersetzen, belästigt und verprügelt werden. Wie Ehud Barak einmal sagte: *"Der komplizierteste Frieden ist besser als der einfachste Krieg."*

Sonntag, 1. März 2015

Siebtes Kapitel

Der Wahnsinn einer Wiederaufnahme des Krieges in der Ukraine

Wenn wir die Dinge beim Namen nennen müssen, dann wird es offensichtlich, dass die NATO/USA und viele Machthaber im Westen einen umfassenden Krieg in der Ukraine wollen, der eine dauerhafte Narbe zwischen den Ostslawen und insbesondere zwischen russischsprachigen und ukrainischsprachigen Ukrainern schafft. Europa braucht keinen großen Krieg, und das Minsker Abkommen ist das Beste, was auf dem Tisch liegt. Gewährung eines angemessenen Maßes an Selbstverwaltung für den Teil der Ukraine (Süd- und Osteuropa), der sich dem Sturz der Person widersetzte, die sie an die Macht gewählt hatten (der diebische Viktor Janukowitsch, der wie seine Vorgänger ein Dieb war), in der freiesten und fairsten Wahl in der ukrainischen Geschichte, ein Teil, der sich einem unerwünschten Krieg derjenigen ausgesetzt sah, die den Putsch durchführten, ist eine logische Sache. Die Ukrainer hassen einander nicht. Es waren zufällig die Menschen in Europa, deren Köpfe von der Geschichte mehr durcheinander gebracht wurden als alle anderen. Und dies ist die schlimmste Phase im Durcheinander der Köpfe der Menschen, insbesondere mit dem Einsatz der derzeitigen politischen Führung, die eine wichtige Rolle dabei gespielt hat, die Ukraine zu dem Chaos zu machen, das sie heute ist (Korruption, Oligarchie usw.). Poroschenko zum Beispiel war sowohl an früheren pro-russischen als auch an pro-westlichen oligarchischen Regierungen beteiligt.

Die Ukraine braucht einen Konsens, der die legitimen Rechte, Anliegen und Bestrebungen aller verschiedenen sozio-ethnischen Gruppen im Land respektiert. Leider wäre die Umsetzung von so etwas, das in Ländern wie Südafrika funktioniert hat, gegen die Interessen ausländischer Mächte.

Die West-/Zentralukraine kann die Ost-/Südukraine nicht dominieren (d.h. die ukrainischsprachige Hälfte der Ukraine kann der russischsprachigen Hälfte nicht ihren blinden Willen aufzwingen) und umgekehrt. Man sollte meinen, dass die Usurpatoren in Kiew das inzwischen erkannt hätten. Ich beginne zu denken, dass afrikanischste Gruppe die verzeihendste Gruppe der Welt ist, d.h. ein Volk mit der großen Fähigkeit, die Dinge nach Sklaverei, Kolonialismus, Apartheid und jetzt Neokolonialismus hinter sich zu lassen und in die Zukunft zu schauen, wo die Dinge zum Wohle der Menschheit getan werden sollten.

Oder vielleicht ist der Konflikt in der Ukraine der letzte Versuch der anglo-amerikanisch dominierten westlichen Allianz, auch die Ostslawen (die einzigen Europäer, die ihre Souveränität schätzen und festhalten) zu verwirren und alle

Europäer durch eine strategische Entscheidung, Russlands brüderlichen Nachbarn – die Ukraine – unter ihre Hegemonie zu bringen. Russlands Gegenpol für das langfristige strategische Ziel, Russland zu untergraben, zu zerbrechen und schließlich zu einem Vasallen oder untergeordneten Partner des Westens zu machen.

Wenn der Ukraine-Konflikt kein Trick ist, um langfristige Ziele zu erreichen, die dem größten Teil der Welt nicht bewusst gemacht wurden, dann sollten alle Kriegführenden, insbesondere die NATO, die EU und die USA, die Regierung in Kiew zwingen, das Minks-Abkommen umzusetzen und den vereinbarten Frieden mit den Donbass-Rebellen zu schließen.

Mittwoch, 19. August 2015

Kapitel Acht

Der Weg in die Zukunft für die Ukraine

Die meisten echten Verfechter der sozialen Solidarität, des Humanismus und des Altruismus haben jetzt die Nase voll von den populären Medien mit ihren unappetitlichen Agenden, insbesondere wenn es um Außenpolitik und ausländische Interessen geht. Und nirgendwo war die Verbiegung der Wahrheit durch die Medien widerlicher und offensichtlicher als beim Konflikt in der Ukraine. Ja, der Konflikt in der Ukraine ist einer der dümmsten Streitigkeiten, die diesen Planeten heimsuchen. Und es geht um Geopolitik.

Um der Menschheit willen würde die Lösung des Ukraine-Konflikts und der Dutzenden anderer Konflikte über Interessen und verdrehte Ideen oder Vorstellungen von Geopolitik dem allgemeinen Interesse der Menschheit dienen. In Bezug auf die Ukraine braucht die Welt die Mächte, um klar zu reden, wenn es um das Wohlergehen der

Menschen in Donezk, Lugansk und dem Rest der Süd- / Ostukraine geht. Sie wählten ihren Sohn in das höchste Amt des Landes, einen Sohn, der als Präsident der Ukraine später von einem vom Westen unterstützten Lager nach Straßendemonstrationen, bei denen ausländische Politiker wie Victoria Nuland, John McCain usw. in die Öffentlichkeit traten und Schulter an Schulter mit den Demonstranten standen, von der Macht gejagt wurde. Zwar war der gestürzte ukrainische Präsident Viktor Janukowitsch ein Dieb, der von Russland akzeptiert wurde, aber er hatte nicht den Mut (manche würden sagen, er hatte den Anstand nicht), überwältigende Gewalt gegen seine ukrainischen Gegner anzuwenden, eine entscheidende Kraft, die die meisten Regierungen, selbst im Westen, eingesetzt hätten. Die vom Westen unterstützte Opposition, die sich als nützlich für die westliche Agenda erwiesen hat und die ihn von der Macht gejagt und die Leitung der Regierung übernommen hat, hat oder hatte auch einen Haufen Diebe in ihren obersten Rängen.

Wir können es uns nicht leisten, diese Frage zu ignorieren. Wie hätten die Menschen in der West- oder Zentralukraine reagiert, wenn der vom Westen unterstützte ehemalige Präsident Juschtschenko, auch ein Dieb, von Ost- /Südukrainern aus der Macht geworfen worden wäre? Sie hätten sich dagegen ausgesprochen. Wie die Bibel sagt: "Tu anderen, was du willst, dass andere dir tun".

In Anbetracht dessen würde ein logischer Verstand sagen, dass Ost- / Südukrainer gerechtfertigt wären, wenn sie den Krieg in die Westukraine tragen. Aber als Humanist verabscheue ich das oder Krieg in jeder Form. Ich unterstütze Ehud Baraks Worte, als er sagte: *"Der komplizierteste Frieden ist besser als ein einfacher Krieg."*

Es gibt westliche Propaganda mit den privaten Mediengiganten, die mit der Regierung oder der offiziellen Politik zusammenarbeiten, insbesondere wenn es um Außenpolitik und staatliche Interessen geht. Medien und Regierungen in der westlichen Welt arbeiten auch mit ihren riesigen multinationalen Konzernen oder Konzernen zusammen. Diese feine Vereinbarung zwischen den Konzernen, den Medien und der Regierung wird Korporatokratie genannt. In Russland ist es die Regierung oder der Staat, der Propaganda über die staatlichen Medien verbreitet. In gewisser Weise ist es dasselbe. Sie füttern die Massen mit dem Opium von Fehlinformationen, die als Nachrichten gedacht sind. Nur diejenigen, die neugierig, aufschlussreich und ehrlich sind, machen sich die Mühe, die Wahrheit zu sieben. Kurz gesagt, die großen russischen Nachrichtenagenturen spiegeln die Ansichten, Positionen, Ziele und Interessen des russischen Staates wider, während die westlichen Medien auch die Ansichten, Positionen, Ziele und Interessen ihrer Regierungen / privaten Eigentümer / Geschäftspartner widerspiegeln.

Führer mehrerer westlicher Nationen arbeiteten damals mit der ukrainischen Opposition zusammen, um einen demokratisch gewählten Führer der Ukraine (Janukowitsch) zu Stürzen zu bringen, wenn auch einen stark korrupten, weil er ihren Befehlen nicht nachkommen wollte, und installierten dann diejenigen an die Macht, die ihre Befehle ausführen (Marionetten, heißt es. Diese Marionetten gibt es an Orten wie in Afrika im Überfluss. Paul Biya aus Kamerun ist einer. Sein Vorgänger Ahidjo war ein anderer). Die gegenwärtigen ukrainischen Führer, die den Befehlen der westlichen Strippenzieher folgen, sind oder waren ebenso korrupt mit einer düsteren Vergangenheit.

Russland, das den gestürzten ukrainischen Präsidenten Janukowitsch unterstützt hatte, reagierte oder profitierte von der westlichen Vertreibung seines Mannes an der Macht in der Ukraine, als es die Krim eroberte, die es der Ukraine 1956 brüderlich geschenkt hatte, indem es "den Willen des Krimvolkes" in einem illegalen, aber demokratischen Schritt (Referendum) nutzte, bei dem die meisten Krimbürger für den Wiedereintritt in Russland stimmten. Russland fuhr dann fort, das agitierende Volk des Donbass (Janukowitschs Unterstützerbasis) in seiner Opposition gegen den Putsch zu unterstützen.

- *Sind also der Westen und Russland schuldig, den Ukraine-Konflikt zu schüren?*
- Ja, das sind sie. Einer als Anstifter (der Westen) und der andere als Reaktionär (Russland).

- *Ist auch das ukrainische Volk schuldig?*
- Ja, dafür, dass er sowohl von Janukowitsch als auch von den Jungs, die ihn mit Hilfe des Westens gestürzt haben, mitgenommen wurde.

- *Gibt es eine Logik in den Menschen im Donbass, die den Sturz von jemandem, den sie mit überwältigender Mehrheit gewählt haben, in Frage zu stellen?*

- Ja, die gibt es.

- *War der bewaffnete Konflikt notwendig?*
- Nein, das war es nicht.

- *Haben Russland und die Westmächte die Seiten des Konflikts, die sie unterstützen, militärisch unterstützt?*
- Ja, das haben sie, sowohl offen als auch stillschweigend.

In Ghana führte nach zwei Jahrzehnten der Instabilität, die durch einen von der CIA gesponserten Staatsstreich verursacht wurde, der zum Sturz des Gründervaters der Nation (Kwame Nkrumah) führte, dazu, dass das Land einem Putsch nach dem anderen ausgesetzt war, als die rivalisierenden Fraktionen der Putschisten (die Spielverderber) anfingen, untereinander zu kämpfen, stürzte ein junger Armeeoffizier namens Jerry Rawlings diesen Haufen. all diese Spielverderber hingerichtet, die Demokratie zurück ins Land gebracht und Ghana wieder auf den richtigen Weg gebracht. Seit der Machtübernahme von Rawlings im Jahr 2000 gab es drei gewählte Staatsoberhäupter in Ghana. Daraus lässt sich eine Lehre ziehen. Die Ukraine muss alle ihre Oligarchen loswerden, die von 1990 bis 2015 in die Politik involviert waren. Sie sind der Fluch dieses Staates. Ich würde jedoch nicht empfehlen, sie auszuführen. Die ukrainischen Oligarchen haben gezeigt, dass sie gekauft werden können und nichts anderes sein können als die Marionetten anderer (des Westens und Russlands).

- Würde die Ukraine jemanden wie die mythische oder legendäre Taras Bulba (die die polnische, tatarische oder türkische Herrschaft ablehnte) hervorbringen; würde die Ukraine eine "Neue Ukraine" und eine ukrainische Identität schmieden, die sich mit all ihren verschiedenen Entitäten versöhnt?
- Ja, das ist möglich.

Aber das erfordert ein Rückgrat, eine effektive Führung, eine vereinigende Idee, die auf Humanismus und nicht auf Nationalismus basiert, wo der Hass auf den anderen an erster Stelle steht (die Leidenschaft der Westukraine), die Wahrheit über sich selbst und die Verpflichtung, selbstkritisch zu sein. Es würde erfordern, dass die Ukraine mit sich selbst im Reinen ist. Es würde von den Ukrainern verlangen, die verrückte Mauer abzulehnen, die entlang der russischen Grenze von ihrer hysterischen und paranoiden Führung gebaut wird, die illegal an die Macht kam und Angst vor ihrem Schatten hat; es würde erfordern, dass die gegenwärtigen und vergangenen politischen Eliten, deren korrupte Methoden die Seele der Ukraine korrumpiert haben, *mea culpa* sagen. ; Es würde erfordern, dass der Westen und Russland den Ukrainern helfen, sich in einem Prozess zusammenzusetzen, der dem südafrikanischen Programm "Wahrheit und Versöhnung" nach der Apartheid ähnelt.

In der Tat ist es gut zu sehen, dass sich das Leben für die Menschen in der Ostukraine wieder normalisiert, die in einem Krieg einem Jahr des Albtraums ausgesetzt waren, der hätte vermieden werden können, wenn gegnerische Interessengruppen die Notwendigkeit der Zusammenarbeit gesehen oder das Interesse und das Wohlergehen der einfachen Leute berücksichtigt hätten. Die Ukraine braucht dieses Programm "Wahrheit und Versöhnung", durch das sie effektiver wäre, um eine neue Verfassung, Amnestie, Frieden, Versöhnung, wahre Freiheit und echte Demokratie zu entwickeln - einen Reinigungsprozess an sich. Wieder einmal haben beide Seiten des Konflikts Recht, und es würde den Menschen in der Ukraine nicht schaden, wenn Egomanen ihre aufgeblähten Egos und verletzenden Interessen beiseite legen und stattdessen ein Abkommen über die Machtteilung mit einem Zeitrahmen zwischen den verschiedenen Regionen des Landes anstreben, der auf einer "Neuen Ukraine" basiert – Freiheit, echte Demokratie, Menschenrechte, Amnestie, neue Verfassung usw.

Nur so kann eine neue Ukraine geboren werden.

Beide Seiten sind schuldig in diesem Konflikt und beide Seiten hatten eine Begründung. Aber der Weg vorwärts besteht nicht darin, die legitimen Bedenken oder Beschwerden der anderen Partei abzulehnen. Der Westen handelte abgrundtief, die Seite, die der Westen unterstützt, handelte abgrundtief, Russland handelte abgrundtief, und die Anti-Maidan-Kräfte in der Ukraine sind auch keine Heiligen. Aber keine Seite darf der anderen ihren Willen aufzwingen. Das wäre ein Rezept für einen anhaltenden Konflikt. Keine Seite kann in diesem Ukraine-Konflikt gegen die andere gewinnen. Aber mit gesundem

Menschenverstand, Humanismus und /oder Altruismus im Hinterkopf kann die Ukraine zur Brücke zwischen Russland und dem Westen werden.

- Aber würden die westlichen Mächte und Russland das zulassen?
- Das können sie.

Nur wenn der Westen aufhört zu versuchen, die Ukraine zu benutzen, um russland die Stirn zu bieten, und wenn er aufhört, seine Interessen über das Wohlergehen des ukrainischen Volkes zu stellen; und nur, wenn Russland beginnt, die Ukraine vollständig als seinen wahren Bruder zu behandeln. Das würde auch erfordern, dass die ukrainische politische Elite aufhört, Russlands Bereitschaft, seinem Land zu helfen, für selbstverständlich zu halten; Das würde auch erfordern, dass sie aufhören zu denken, dass es in Ordnung ist, den Westen gegen Russland auszuspielen und umgekehrt um des sozioökonomischen und politischen Nutzens willen. Damit dies geschehen kann, müsste die Ukraine nicht an der Seite stehen und eine Brücke zwischen der Europäischen Union und der Eurasischen Wirtschaftsunion sein.

Neuntes Kapitel

Ukraine: Den Mythos entlarven, Nationalismus ablehnen, Patriotismus annehmen und "Die neue Ukraine" gründen

Nach mehr als einem Jahr eines neuen Regimes an der Macht in Kiew und nach einer Zeit, in der wir uns geweigert haben, die Tatsache anzuerkennen, dass die Macht im Februar 2014 illegal den Besitzer gewechselt hat, oder nachdem wir den Fragen nach der Art der anfänglichen Illegitimität des derzeitigen Regimes ausgewichen sind, stellen wir heute fest, dass die Medien, insbesondere im Westen, endlich akzeptiert haben, dass es in der Ukraine einen Putsch gab, der den ehemaligen ukrainischen Präsidenten Viktor Janukowitsch absetzte. Die Deutschen sagen gerne, dass "es immer zwei Seiten einer Geschichte oder sichtweise gibt" – Dialektik. Und da die Mächtigen jetzt darin übereinstimmen, dass es einen Putsch gab, können wir die Gefühle oder die Position derjenigen nicht abtun, die für die Person gestimmt haben, die abgesetzt wurde. Die Menschen von Rovno

(Riwne), Tschernihiw und Sumy hätten genau wie die Menschen auf der Krim und im Donbass reagiert, wenn ihre einheimischen Söhne (Leonid Krawtschuk, Leonid Kutschma bzw. Viktor Juschtschenko) von ihren Gegnern als Staatsoberhäupter abgesetzt worden wären. Ausgehend von Dostojewskis Zitat "Wenn Gott nicht existiert, ist alles erlaubt", kann ich hinzufügen: "Wenn es keinen Respekt für die Rechtsstaatlichkeit und Legitimität gibt, dann kann alles erwartet werden." Die Rebellionen im Donbass und der Anarchismus der extremen Rechten der Ukraine, der den Putsch anführte, zeugen davon.

Ich betrachte mich als Freidenker und jemanden, der die Entwicklungen in den Ländern der ehemaligen UdSSR seit den 1980er Jahren verfolgt. Warum? Vielleicht, weil ich die Landmasse und die Menschen merkwürdig faszinierend fand; Vielleicht, weil ich russische Literatur mochte – Pasternak, Dostojewski, Puschkin, Turgenew, Bulgakow, Tschechow, Gogol, Tolstoi usw. – vielleicht, weil ich die *Narodniepyesni* (Volkslieder oder einheimische Lieder) usw. mag; und/ oder vielleicht, weil ich dort studiert habe, hauptsächlich Weißrussland, und über den Ort geschrieben habe. Die beiden sowjetischen Führer, die ich an einem Punkt sehr bewunderte, waren Lenin und Gorbatschow, besonders wegen der Echtheit ihrer Seelen. Lenin machte Fehler, besonders in seiner Reaktion, wenn er unter Zwang stand, aber er gab sie zu, und Gorbatschow ist es auch. Lenin ist derjenige, der es zuerst möglich gemacht hat, dass Standardukrainisch, dann eine lokalisierte, wie Pilze aus dem Boden schossen, auf dem gesamten Territorium dessen, was heute die Ukraine ist, unterrichtet werden konnte; er erweiterte die Ukraine und fügte das meiste von dem hinzu, was zu dieser Zeit russischsprachig war, aber hauptsächlich ethnisch ukrainisch Südost zur Ukraine) zur Ukraine; er taumelte gegen den großrussischen Chauvinismus; ließ Finnland, das Baltikum und Polen gehen und war entsetzt über Stalins Schwerfälligkeit, die Opposition in Stalins Heimat Georgien zu zerschlagen. Lenins Absicht war also gut, ebenso gorbatschows, ein Kosake (halb Saporoger oder ukrainischer Kosake und halb Don oder russischer Kosake), dessen sibirische Frau ihren Stammsitz in Tschernihiw nachzeichnet. Gorbatschow bedauert die Richtung, in die die Jungs in Kiew die Ukraine führen, genau wie ich.

In Kamerun sagen die Leute: *"Wenn du dir erlaubst, eine Banane zu werden, werden dich Affen in kürzester Zeit auffressen."* Das ist es, was die ukrainischen Staatsoberhäupter in Vergangenheit und Gegenwart der Ukraine werden ließen, und deshalb ist ein potenziell großes Land im Herzen Europas das Chaos, das es heute ist. Die Ukraine ist das geistig verwirrteste Land in Europa, und sie können nicht vollständig dafür verantwortlich gemacht werden. Die Geschichte ist verantwortlich. In Gogols "Taras Bulba" konnten die Saporoger Kosaken (die Vorfahren der Süd- und Ostukrainer), die gegen die Polen kämpften, die damals die Länder eines Großteils der heutigen Ukraine beherrschten, ihre Gedanken nicht um die Natur ihres Volkes (ukrainische oder Grenzland-Rus-Eliten) wickeln, die sie in Kiew fanden. und das Zentrum, das polnisch handelte, oder diejenigen des Westens, die den orthodoxen Glauben aufgegeben und den Katholizismus (uniert) aufgegriffen hatten, wie die Polen.

Ich sprach mit einem Polen hier in den USA (Er hasst Russland und macht es für die ganze unruhige Geschichte Polens verantwortlich), der Polen in seinem Ukraine-Debakel als Opfer darstellt und stattdessen die Russen beschuldigt, obwohl Polen die Länder des größten Teils der heutigen Ukraine für mehr als vier Jahrhunderte besetzt hat und sich damit zur hauptursachen für die Uneinigkeit unter den Easterslawen (Volk der ehemaligen Kiewer Rus) heute macht. , da die polnische Sprache und Kultur die Sprachen und die Kultur dessen, was schließlich Weißrussland und die Ukraine wurde, stark beeinflussten und eine Abgrenzung von der russischen Sprache und Kultur schufen.

"Russland nahm Ostpolen ein und gab es während des Zweiten Weltkriegs der Ukraine und Weißrussland." Er sagte. (Er meinte, dass die Sowjetunion Polen die heutige Westukraine wegnahm).

"Das waren Rus-Länder, antwortete ich."

"Lemberg, Iwano-Frankiwsk, Dubno und andere Städte in der Westukraine wurden von Polen gebaut; und die Polen waren dort die Mehrheit", fügte er hinzu.

"Die besetzenden Polen lebten in den Städten, während die Einheimischen auf dem Land lebten. Das war im Laufe der Geschichte in jedem Fall der Besatzung der Fall. Besatzer leben in der Stadt und die Einheimischen auf dem Land. Außerdem ist Polen derjenige, der 1605 zuerst in Russland einmarschierte." Ich sagte es ihm.

Er war ruhig.

"Und Polen nahm die Rus-Länder; was heute Weißrussland und die Ukraine (Ruthenien) sind und dann

jahrhundertelang über diese Gebiete herrschten", *fügte ich hinzu.*

"Wenn wir die Ukraine nicht einnehmen würden, hätten die Tataren oder Russland es getan." Er erwiderte.

"Wenn Russland es getan hätte, hätte es die Ukraine wie einen Teil der Rus (der ehemaligen Kiewer Rus) behandelt, der sich erholt hat, wie ein Bruder, der wiedervereint wurde; und einige der Menschen in der Ukraine und Weißrussland würden heute nicht denken, dass sie kein Teil der Rus-Familie sind", sagte ich ihm.

Später an diesem Tag kam er zu mir zurück und sagte nachdenklich: "Ich glaube, Polen hat damals einen Fehler gemacht. Wir hätten die Ukraine zu einem gleichberechtigten Mitglied des polnisch-litauischen Commonwealth machen sollen. Wir hätten sie in die Szlachta lassen sollen. Wir hätten sie nicht aufzwingen sollen."

Er meinte die Auferlegung der polnischen Sprache, Kultur, Religion usw. über das, was heute die Ukraine und Weißrussland ist. Die lokalen Eliten ukrainischer Herkunft in der polnisch besetzten Ukraine griffen polnische Wege auf, was die Dialekte veränderte, die in der heutigen Ukraine gesprochen wurden. Es war ein Fehler, in Ordnung. Aber es ist zu spät. Heute fällt es den Ukrainern schwer, sicher zu bestimmen, wer sie sind. Sie wurden von der Geschichte durcheinander gebracht und seltsamerweise suchen viele von ihnen nach Erlösung von den Außenseitern, die sie in der Vergangenheit durcheinander gebracht haben.

Jede freie Seele und jeder freie Denker würde sich in der

heutigen Ukraine nicht wohl fühlen. Die freie Seele und der Freidenker würden sich auch in Putins Russland nicht wohl fühlen und mit den Behörden in Lukaschenkos Belarus nie gut auskommen. Aber ich akzeptiere widerwillig die Tatsache, dass Putin und Lukaschenko voll und ganz im Interesse dieser Länder sind.

- *Sind die Jungs in Kiew voll und ganz im Interesse der Ukraine?*
- Nein.

Das Interesse der Ukraine beinhaltet die Versöhnung im Inneren. Der Dieb Janukowitsch verstand es mehr als der unaufrichtige und blutige Poroschenko und sein Gefolge, seine Bande und seine Verbündeten. Auch die anderen Diebe (Viktor Juschtschenko, Leonid Kutschma und Leonid Krawtschuk) verstanden das in unterschiedlichem Maße. Und diese Sache mit Politikern aus dem Zentrum der Ukraine, die den fanatischen Nationalismus der Westukraine anzapfen, um an die Macht zu kommen, ist der größte Fluch der Ukraine , weil sie ihnen die Hände daran bindet, sich wirklich mit ihren Brüdern im Süden und Osten der Ukraine zu beschäftigen. Und um ehrlich zu sein, die tolerantesten und am wenigsten fremdenfeindlichen Ukrainer sind diejenigen aus der Ost- und Südukraine, die Menschen, die heute in der Ukraine unterdrückt werden, weil sie Russland und die Russen immer noch als ihre Brüder betrachten und weil sie Russisch sprechen (obwohl die Mehrheit hier ethnische Ukrainer sind).

Die heutige Spaltung in der Ukraine spiegelt sich

zwischen zwei Brüdern aus Tschernihiw wider, von denen einer mit einem Russen verheiratet ist und in Russland lebt, sieht keinen Grund, warum die Regierung in Kiew und ihre Anhänger Russland und die Russen als Feinde betrachten, während der andere im Ausland in Westeuropa lebt und möchte, dass die Ukraine nichts mit Russland zu tun hat. Der panslawische Bruder stammt aus dem alten severischen Stamm, aus dem die Ukrainer in Tschernihiw stammen, sowie die Russen direkt hinter der Grenze, was bedeutet, dass sie die gleiche DNA teilen. In gewisser Weise versteht er zumindest, wie es viele ethnische Russen tun, dass Ukrainer und Russen das gleiche Volk der Rus sind, dass sie Brüder sind, trotz ihrer geteilten Geschichte.

Eine falsch vertretene Ansicht ist, dass viele Ukrainer aufgrund der Russifizierung nicht sagen können, dass ihre Muttersprache Standardukrainisch ist. Das erste schriftliche Werk, das als Standardukrainisch gilt, war die Eneida von 1798, geschrieben von Kotliarevsky. Ja, es stammte hauptsächlich aus dem mitteldnyprianischen Dialekt, der in Poltawa, Kiew und Tscherkassy gesprochen wurde, mit Einsprägungen aus dem Slobodan-Dialekt und dem Steppendialekt, die von den Saporoger Kosaken gesprochen wurden. Taras Shevchenko polierte diese neue Sprache auf, aber trotzdem war sie immer noch lokalisiert und wurde hauptsächlich von der Intelligenz (die in den Tagen der polnischen Herrschaft hauptsächlich Polnisch sprach) verwendet, die auch in Russisch alphabetisiert war. Damals waren mehr als 80% der Bevölkerung Analphabeten und sprachen ihre Dialekte ukrainisch (im Großen und Ganzen die nördlichen, südöstlichen und südwestlichen Dialekte).

Die Schulbildung in den 1800er Jahren im gesamten Russischen Reich bedeutete, auf Russisch zu lernen, einer Staatssprache, die vor allem in den städtischen Gebieten weit verbreitet war, oder auf Ukrainisch, einer neuen Sprache, die für die Völker bestimmt war, die einst unter polnischer Kontrolle standen. Die Bolschewiki förderten sogar die Ukrainisierung von 1921-1932 in einer von Wladimir Lenin ausgearbeiteten Politik, die als *Korenizatsiya* bekannt ist – Korenisierung (Nativisierung), die darauf abzielte, die Dominanz der russischen Sprache und Kultur in allen Sowjetrepubliken zu beseitigen, die für nichtrussische Nationalitäten geschaffen wurden, von denen die Ukraine eine war. So förderte sie zum ersten Mal die Verbreitung der lokalisierten ukrainischen Sprache in den anderen Teilen des Territoriums, die von den Bolschewiki als Ukraine reserviert wurden.

Korenisierung oder Ukrainisierung war eine Periode in der ukrainischen Geschichte der schnellen Schulbildung oder Gelehrtenbildung (in der die Alphabetisierungsrate von etwa 40% auf über 80% stieg), aber die Mehrheit derjenigen, die während dieser Zeit alphabetisiert wurden, nahm Standard-Russisch über Standard-Ukrainisch als eine Frage der Wahl. Es stimmt, dass die ukrainische Sprache zugunsten des Russischen entmutigt wurde, genau wie in den anderen nichtrussischen Sowjetrepubliken von 1933-1957 unter den Richtlinien des sowjetischen Diktators Joseph Stalin. Aber es ist offensichtlich, dass die überwiegende Mehrheit der Ost- und Südukraine in ihrer Geschichte nie Standardukrainisch (Abgrenzung) verwendet hat, sondern ihre lokalen Dialekte gesprochen hat, die sich heute zu Surzhik entwickelt haben. Tatsächlich sind die lokalen Dialekte der Ost- und Südukraine dem Standardukrainisch näher als die lokalen Dialekte der Nord- und Westukraine, obwohl die Menschen im Osten und Süden historisch russischsprachig sind, von denen die meisten in ihrer Geschichte nie Standardukrainisch in ihrem täglichen Leben oder in der Schule verwendet haben. Die lokalen Dialekte des Südens und Ostens der Ukraine sind näher an den Dialekten, die über die Grenze auf Russisch gesprochen werden, als an den Dialekten, die in der Westukraine und der Zentralukraine gesprochen werden.

Der Punkt ist, dass die Ukraine, um voranzukommen, ihre doppelte Identität annehmen muss. Zurück zu dem, was der legendäre französische Führer Charles De Gaulle einmal schrieb: *"Patriotismus ist, wenn die Liebe zu seinem eigenen Volk an erster Stelle steht; Nationalismus, wenn der Hass auf andere Menschen als die eigenen an erster Stelle steht."* Es fällt uns schwer zuzustimmen, dass die Ukraine mehr Liebe als Hass braucht, was zu blinden Argumenten neigt.

Die Hoffnung sollte sein, dass der Waffenstillstand allen Konfliktparteien eine düstere Erkenntnis bringt, dass die Ukraine mehr Patriotismus und weniger Nationalismus braucht. In einer patriotischen Ukraine sind es richtig, alle Ukrainer und ihre Identitäten zu umfassen und alle Bestrebungen, Interessen und Anliegen aller Regionen des Landes zu berücksichtigen. Die Neue Ukraine kann nicht auf der Grundlage der engen Ansichten einer Seite oder der Unterdrückung der östlichen und südlichen Teile des Landes gegründet werden.

Mittwoch, 7. Oktober 2015